# 目 录

## 第1章　臀肌激活训练　　　　　　　　1

## 第 2 章　臀肌入门训练　　　22

## 第 3 章　臀肌进阶训练　　　47

人体运动彩色解剖图谱系列

# 臀部训练彩色图谱

超值
口袋版

国家队体能检测师 — 赵芮 编著

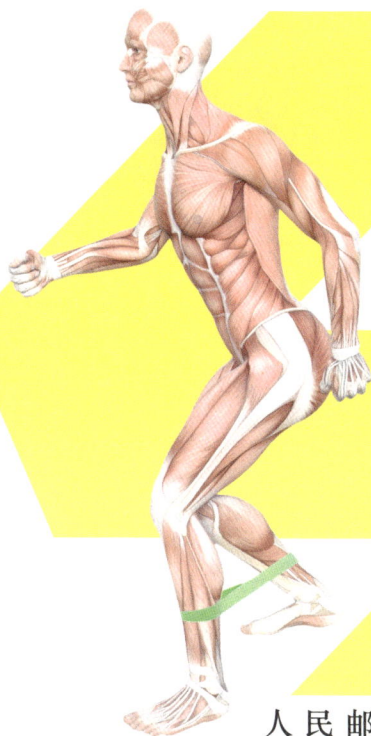

人民邮电出版社

北京

**图书在版编目（CIP）数据**

臀部训练彩色图谱：超值口袋版 / 赵芮编著.
北京：人民邮电出版社，2025. --（人体运动彩色解剖
图谱系列）. -- ISBN 978-7-115-66982-7

Ⅰ. G808.14-64

中国国家版本馆 CIP 数据核字第 202516TV35 号

## 免 责 声 明

## 内 容 提 要

了解训练动作的解剖学知识能帮助我们更好地理解训练动作的原理与要点，从而正确发力，精准健身。对于想要打造强健、饱满臀部的读者来说，本书是一本不可多得的超详细训练动作指南。本书介绍了臀部训练的基础知识，讲解了激活、强化和放松臀部的100 多个训练动作，提供了拿来即用的多主题训练计划。对于每一个训练动作，本书都提供了由专业教练示范的动作图、高清彩色肌肉解剖图、正确和错误做法、呼吸指导等，帮助训练者清晰了解训练动作的目标肌群，以及如何正确地做动作。本书能帮助新手掌握高效的臀部训练方法，安全、高效地实现目标。本书适合健身新手、健身爱好者阅读，对于健身教练、体能教练也具有一定的参考价值。

◆ 编　著　赵　芮
　　责任编辑　王若璇
　　责任印制　彭志环

◆ 人民邮电出版社出版发行　　北京市丰台区成寿寺路 11 号
　　邮编　100164　　电子邮件　315@ptpress.com.cn
　　网址　https://www.ptpress.com.cn
　　北京九天鸿程印刷有限责任公司印刷

◆ 开本：787×1092　1/32
　　印张：4　　　　　　　　　　　　2025 年 10 月第 1 版
　　字数：128 千字　　　　　　　　2025 年 10 月北京第 1 次印刷

定价：29.80 元

读者服务热线：(010)81055296　印装质量热线：(010)81055316
反盗版热线：(010)81055315

## 第 4 章　臀部放松训练　88

## 第 5 章　训练计划　106

# 本书使用说明

解剖图解

呼吸指导

动作名称

第1章 臀肌激活训练

阔筋膜张肌
股直肌
股外侧肌
腹外斜肌
股内侧肌
腹横肌*
腹内斜肌*
缝匠肌
腹直肌

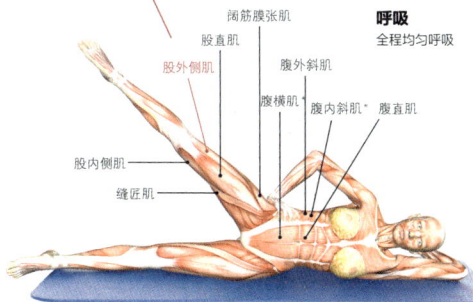

**呼吸**
全程均匀呼吸

侧卧－直膝髋外展

动作级别
●●● 初级
●●● 中级
●●● 高级

(!) 若髋部存在不适，则不建议进行此项练习。

安全提示

真人演示

**起始**
侧卧，头部枕于下侧手臂，对侧手自然扶住髋部外侧，双腿伸直，双脚并拢。

文字解析

**过程**
保持身体稳定，上侧腿向上抬起，保持1~2秒。回到起始姿势，完成规定次数。换另一侧重复上述步骤。

臀中肌*
臀小肌*
臀大肌
大收肌*
半腱肌
股外侧肌
股二头肌
半膜肌

✔
· 抬起腿在一个平面内运动。

✘
· 双腿膝关节弯曲。
· 身体晃动。

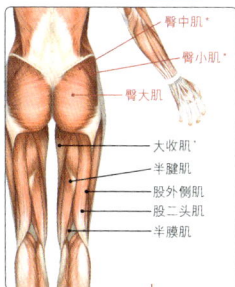

14

正确做法    错误做法

锻炼肌肉
红色字体为主要锻炼肌肉
灰色字体为次要锻炼肌肉

vii

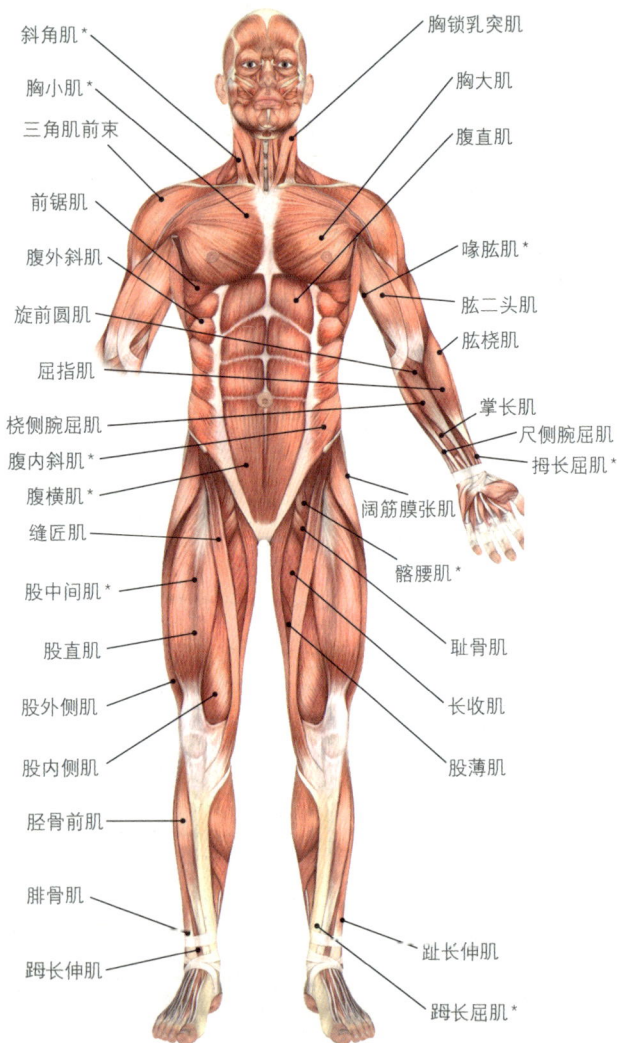

斜角肌 *

胸小肌 *

三角肌前束

前锯肌

腹外斜肌

旋前圆肌

屈指肌

桡侧腕屈肌

腹内斜肌 *

腹横肌 *

缝匠肌

股中间肌 *

股直肌

股外侧肌

股内侧肌

胫骨前肌

腓骨肌

蹑长伸肌

胸锁乳突肌

胸大肌

腹直肌

喙肱肌 *

肱二头肌

肱桡肌

掌长肌

尺侧腕屈肌

拇长屈肌 *

阔筋膜张肌

髂腰肌 *

耻骨肌

长收肌

股薄肌

趾长伸肌

蹑长屈肌 *

注：*为深层肌肉，余同。

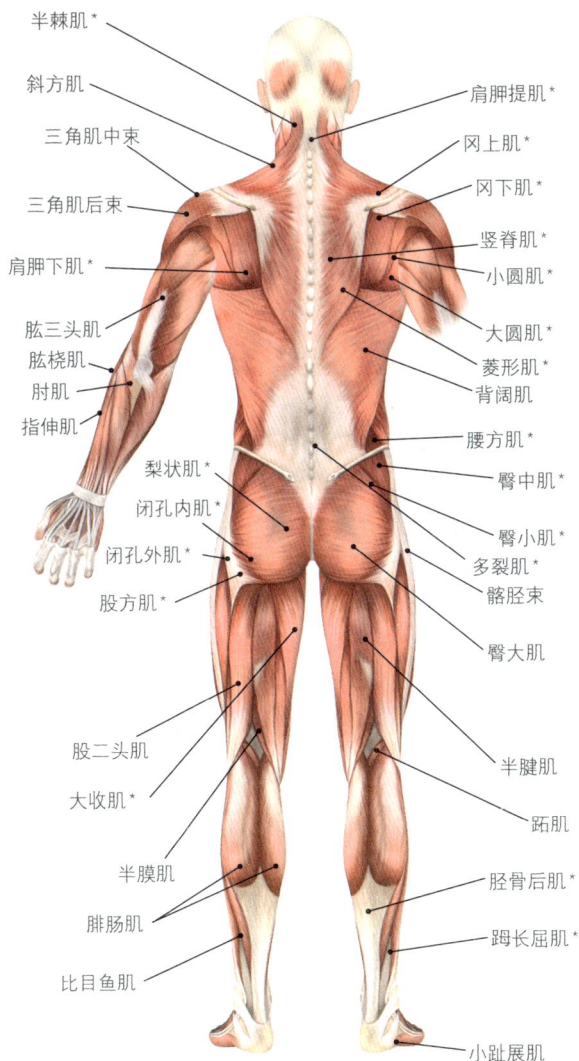

半棘肌*

斜方肌

三角肌中束

三角肌后束

肩胛下肌*

肱三头肌

肱桡肌

肘肌

指伸肌

梨状肌*

闭孔内肌*

闭孔外肌*

股方肌*

股二头肌

大收肌*

半膜肌

腓肠肌

比目鱼肌

肩胛提肌*

冈上肌*

冈下肌*

竖脊肌*

小圆肌*

大圆肌*

菱形肌*

背阔肌

腰方肌*

臀中肌*

臀小肌*

多裂肌*

髂胫束

臀大肌

半腱肌

跖肌

胫骨后肌*

踇长屈肌*

小趾展肌

# 臀部主要肌肉

　　臀部的主要肌肉包括臀大肌、臀中肌和臀小肌，这些肌肉共同负责髋关节的运动，如内收外展、屈伸和旋转，同时在维持身体姿势和稳定性方面发挥着重要作用。

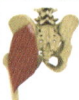

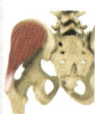

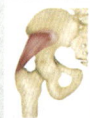

| | | |
|---|---|---|
| 臀大肌 | 臀大肌是人体最大、最表层的臀部肌肉，对于臀部的形状和功能起着决定性作用。它不仅在美学上重要，而且在功能和运动表现方面也扮演着关键角色。臀大肌通常分为上部和下部，覆盖在臀部的表层。 | 臀大肌的主要功能包括让髋关节伸展、外展和外旋。它在站立、行走、跑步以及爆发性动作（如短跑、跳跃和旋转）中发挥着重要作用。此外，臀大肌还有助于减轻坐骨负荷、稳定骨盆、增强运动能力、防止身体前屈和维持身体姿态。 |
| 臀中肌 | 臀中肌位于臀大肌的深层，分为前、中、后三束肌纤维。它几乎完全覆盖臀小肌。它在一定程度上决定了臀部上部的形状，但由于它与臀大肌上部及臀小肌协同工作，很难通过特定的练习来单独针对这块肌肉进行训练。 | 臀中肌的主要功能是外展和稳定髋关节。它的前束可以使髋关节屈曲和内旋，中束可以使髋关节外展，后束能使髋关节后伸及外旋。臀中肌还负责维持骨盆的稳定，特别是在单腿支撑时，它能防止骨盆向对侧倾斜。 |
| 臀小肌 | 臀小肌是位于臀部最深层的羽状肌，纤维走向与臀中肌呈镜像分布，且二者负责执行相似的动作。臀小肌通常与臀中肌一起被归为一类，因为它们在功能上有所重叠，但二者也存在细微差异。 | 臀小肌的主要作用是外展髋关节，同时前部纤维有内旋及前屈髋关节的作用。在髋关节屈、伸、内收、外展、内旋、外旋等运动中，臀小肌与不同功能的肌肉组合起着数种不同的作用。 |

# 臀部肌肉重要作用

臀肌主要由臀大肌、臀中肌和臀小肌组成。从生理学角度看，臀大肌是人体最强壮的肌肉之一。臀肌的位置极为重要，它们通过骨盆、骶骨、尾骨和股骨与身体的躯干和下肢相连。此外，臀肌还通过髂胫束与背阔肌、胸部结缔组织、胫骨相连。作为人体最强大的肌群之一，臀肌的作用远超出日常认知。它们不仅在塑造体形方面起着关键作用，更是支撑日常活动和运动表现的基石。

**健康生活的基石**

在日常生活中，我们的每一个动作都离不开臀肌的支持。强壮的臀肌不仅能够减轻背部和腿部肌肉的负担，缓解肌肉力量不平衡导致的疼痛，如腰背痛和膝关节痛，还能通过优化身体姿态，减少由长时间坐着或不良姿势引起的健康问题，显著提高我们的生活质量。

**提升运动表现的关键**

在运动场上，臀肌的力量水平往往决定了运动表现水平。无论是跑步、跳跃还是投掷项目，发达的臀肌都能提供必要的力量和稳定性，降低运动中的损伤风险，如前交叉韧带撕裂和肌肉拉伤等。此外，强化臀肌还有助于运动技巧，提高运动效率，让你在各项运动中都能发挥出最佳水平。

**塑造体形与提升自信的源泉**

在美学视角下，臀肌的轮廓直接影响着我们的体形和自信。一个结实而饱满的臀部不仅是健康和活力的象征，也是许多人追求的美学标准。强健的臀肌可以改善姿态和行为举止，提升个人形象和自信，让你在社交和职业场合中散发出独特的魅力。

# 臀部训练动作类型

在进行臀部训练时，理解动作的运动平面分类至关重要。基于冠状面、矢状面和水平面的运动特征，可精准定位臀肌不同区域的训练重点。冠状面臀部训练动作，如侧卧－直膝髋外展等，主要锻炼臀中肌前束、中束以及臀小肌。矢状面臀部训练动作，如深蹲、硬拉等，主要锻炼臀大肌下束。水平面臀部训练动作，如侧卧－屈膝髋内外旋等，主要锻炼臀大肌的上束和臀中肌的后束。

在考虑运动平面的同时，我们还需要关注训练动作的力矢量（即阻力相对于身体的线）和膝关节动作，这些信息帮助我们了解训练动作主要锻炼哪些肌肉。

| 力矢量（负荷） | 膝关节动作 | 训练示例 | 主要训练的肌肉 |
| --- | --- | --- | --- |
| 前后向（水平） | 屈曲 | 臀推、臀桥 | 臀肌、腘绳肌 |
| 前后向（水平） | 伸直 | 背部伸展 | 臀肌、腘绳肌、竖脊肌 |
| 前后向（水平） | 屈曲和伸直 | 后抬腿 | 臀肌、股四头肌、腘绳肌 |
| 前后向（水平） | 伸直（伸展）和屈曲 | 器械－臀腿起 | 腘绳肌、竖脊肌、臀肌 |
| 轴向（垂直） | 半弯或伸直 | 硬拉 | 腘绳肌、臀肌下部、股四头肌 |
| 轴向（垂直） | 屈曲和伸直 | 深蹲、弓步 | 股四头肌、臀肌下部、腘绳肌 |

# 臀部训练要素

臀肌训练不是随意举举重物那么简单，为了达到最佳效果，需要考虑多种变量，包括负荷、重复次数、组数、间歇、训练频率、训练的周期性以及速度等。这些要素共同作用，决定了训练的质量和成效。

| | |
|---|---|
| **负荷** | 负荷指在训练中使用的重量。负荷的选择应基于个人的训练水平和目标。对于初级训练者来说，进行自重训练或使用较轻负荷的器械训练足矣。随着训练的进行，可以逐渐增加负荷，以促进臀肌的力量和体积增长。 |
| **重复次数** | 动作重复次数的选择取决于训练目标。在增强力量的目标下，选择每组 3~6 次的高负荷训练；在肌肉增长的目标下，选择每组 8~12 次的中等负荷训练；在提高肌肉耐力的目标下，选择每组 15 次以上的轻负荷训练。 |
| **组数** | 根据训练量和目标设定组数。总次数控制在 25~50 次是较为理想的。较轻负荷的训练可以分成 3 组进行，例如，总次数为 30 次，每组次数为 10 次。对于难度较大的动作，可以适当增加组数，减少每组的次数。 |
| **间歇** | 间歇，即组间休息时间，对肌肉恢复和训练效果有显著影响。一般建议的间歇是 1~3 分钟，大重量训练的组间，可能需要 3~5 分钟的休息。如果训练重点是代谢压力和肌肉泵感，休息时间可以缩短至 30 秒到 1 分钟。 |
| **训练频率** | 训练频率建议为每周至少 2 次，最好隔天进行一次训练。初级和中级训练者可以每周训练 3 次，高级训练者可以每周训练 4 次。在非力量训练日，可以进行一些有氧运动。 |
| **训练的周期性** | 训练的周期性指有计划地安排训练的不同阶段，以避免过度训练并保持持续进步。不同周期的训练可以基于重复次数或重点锻炼部位来设定，例如，初级阶段进行小负重、多重复次数的训练，中级阶段进行中等负重、中等重复次数的训练，高级阶段进行大负重、少重复次数的训练。 |
| **速度** | 速度指训练中降低和举起负荷的速度。臀肌训练中，速度的选择可以影响肌肉力量和体积增长的效果。慢速训练更有助于提升肌肉力量和控制力，而快速训练更有助于提升肌肉耐力和爆发力。 |

# 臀部训练注意事项

为了确保训练安全并最大化训练效果，请注意下述关键事项。

| | |
|---|---|
| 激活臀肌 | 激活臀肌是臀部训练中至关重要的一步，它确保了训练的效率和效果。在开始正式的训练之前，通过特定的热身和激活练习，如动态抱膝、臀桥－静态等，来唤醒臀肌。这些练习有助于促进臀肌的血液流动和神经肌肉的连接，从而让人体在随后的训练中能够更有效地使用臀肌。此外，注意在执行动作时聚焦臀肌，想象并感受臀肌的收缩和放松，这样可以提升臀肌的激活程度，增强训练效果。 |
| 配合呼吸 | 正确的呼吸技巧对于臀部训练来说很重要，它不仅能够帮助维持核心稳定，还能增强训练的效果。在进行训练时，应该在发力阶段（如举起重物时）呼气，而在返回阶段（如放下重物时）吸气。这种呼吸方式有助于增加腹内压，从而稳定脊柱和骨盆，减少受伤的风险。此外，正确的呼吸还能帮助你在高强度训练中保持冷静和集中注意力，避免憋气导致的头晕或不适。 |
| 做对动作 | 正确的动作技术是安全和有效训练的基础。在进行臀部训练时，必须确保每一个动作都按照标准执行，避免代偿和错误的动作模式。这不仅能够确保目标肌群得到充分的锻炼，还能减少受伤的风险。开始训练前，花时间学习并掌握正确的动作技术，如有必要，请寻求专业教练的指导。在训练过程中，始终注意身体的反馈，如果感觉到任何不适或疼痛，应立即停止并调整动作。 |

# 第 1 章

# 臀肌激活训练

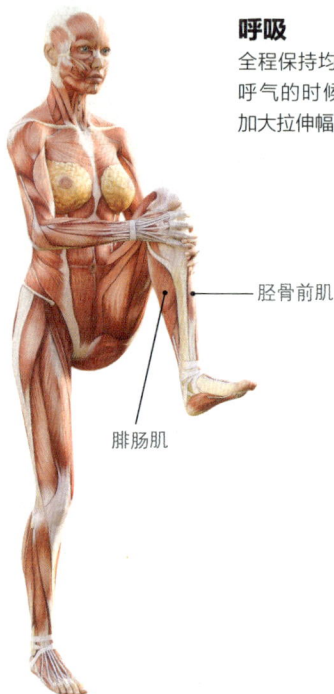

**动态抱膝**

**呼吸**

全程保持均匀呼吸，呼气的时候可适当加大拉伸幅度。

胫骨前肌

腓肠肌

若手腕、膝盖、髋部存在不适，则不建议进行此项训练。

✓
- 背部保持平直。
- 匀速进行拉伸。

✗
- 屏住呼吸。

臀小肌 *
臀中肌 *
臀大肌
半腱肌
股二头肌
半膜肌
腓肠肌
比目鱼肌

**起始**

站姿，双脚并拢，双臂自然放于身体两侧。

**过程**

身体重心移到一侧腿上，对侧腿向上屈髋屈膝并用双手抱住该腿膝盖。双手将腿用力拉向躯干，感受臀肌拉伸感。回到起始姿势，换至对侧重复以上动作。重复规定的次数。

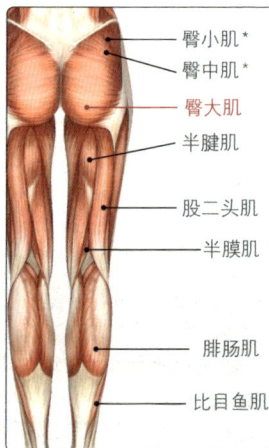

摇篮抱腿

阔筋膜张肌

胫骨前肌

**呼吸**
全程保持均匀呼吸，呼气的时候可适当加大拉伸幅度。

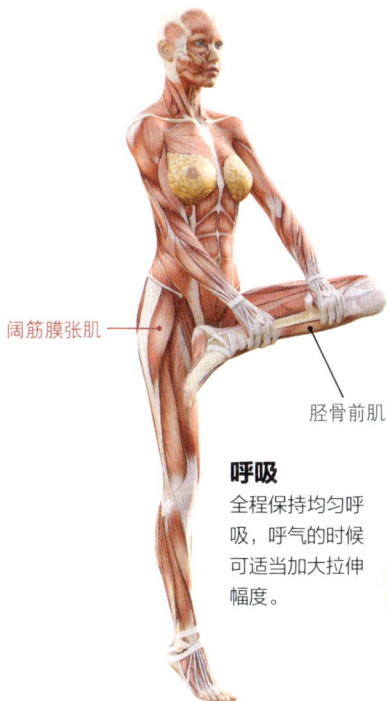

若手腕、膝盖、髋部存在不适，则不建议进行此项训练。

✅
• 背部保持平直。
• 匀速进行拉伸。

❌
• 屏住呼吸。

臀小肌 *
臀中肌 *
梨状肌 *
臀大肌
半腱肌
股二头肌
半膜肌
腓肠肌
比目鱼肌

**起始**

站姿，双脚并拢，脚尖向前，双臂自然放于身体两侧。

**过程**

一侧腿向前迈步后，对侧腿膝关节抬起，抬起腿一侧的手抱膝，另一侧手抬脚跟呈"摇篮"状，向上提拉，同时支撑腿足跟踮起，拉伸动作保持 1 至 2 秒。换至对侧重复以上步骤。重复规定的次数。

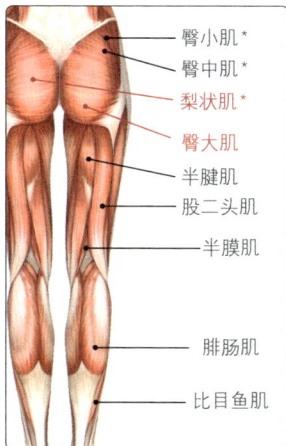

## 跪姿—屈膝伸髋

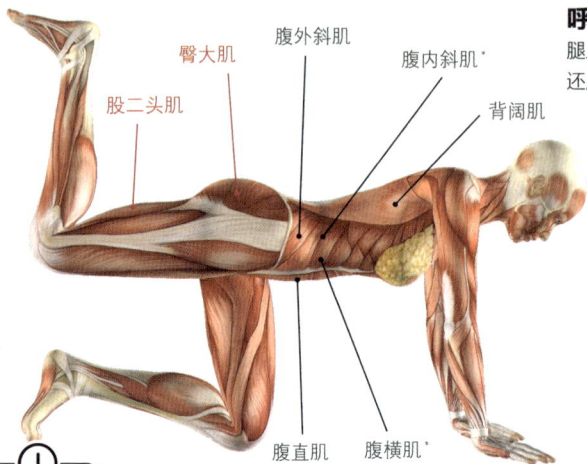

股二头肌
臀大肌
腹外斜肌
腹内斜肌*
背阔肌

**呼吸**
腿上抬时呼气，
还原时吸气

腹直肌  腹横肌*

(!) 当腿部疼痛、髋关节疼痛、
腰部有问题时，谨慎练习。

✓
• 臀部收紧。

✗
• 背部弓起。

**起始**

双膝跪于垫上，俯身双臂伸直支撑
于肩关节正下方，保持背部平直，
核心收紧。

**过程**

保持身体稳定的同时，一侧腿向后
上方抬起至大腿与躯干呈一条直线，
小腿垂直于地面。回到起始姿势，
完成规定次数。换对侧重复。

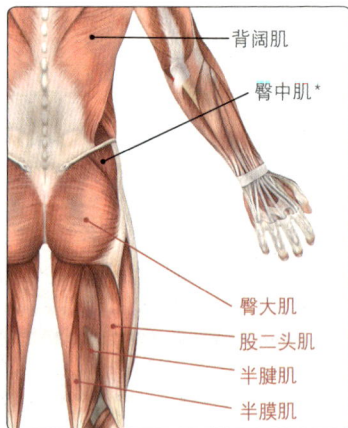

背阔肌
臀中肌*
臀大肌
股二头肌
半腱肌
半膜肌

股二头肌　　臀大肌　　背阔肌　　三角肌

**呼吸**
抬腿时呼气，
下放时吸气

胫骨前肌

股外侧肌

阔筋膜张肌

股直肌　　腹直肌　腹外斜肌

!
防止髋部损伤。

● ● ●

✓ ・身体稳定。　　✗ ・腿部抬起过高。

**起始**

双膝跪于垫上，俯身双臂伸直支撑于肩关节正下方，保持背部平直，核心收紧。

**过程**

保持核心收紧，一侧腿伸直并向斜后上方抬起。动作完成，恢复起始姿势。保持身体姿势不变，换另一侧腿重复该动作。两侧交替进行，完成规定次数。

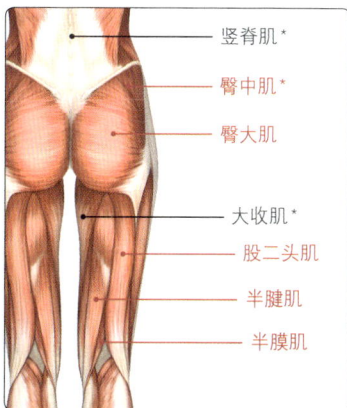

竖脊肌 *

臀中肌 *

臀大肌

大收肌 *

股二头肌

半腱肌

半膜肌

**跪姿—肘碰膝**

**呼吸**
全程均匀呼吸

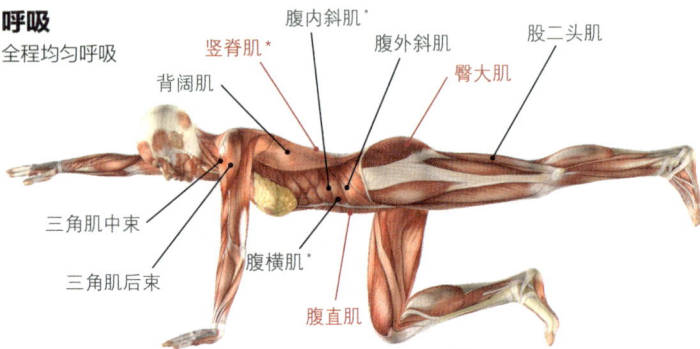

背阔肌

竖脊肌 *

腹内斜肌 *

腹外斜肌

股二头肌

臀大肌

三角肌中束

三角肌后束

腹横肌 *

腹直肌

当肩部有问题、腰背部疼痛时，谨慎练习。

**起始**

双膝跪于垫上，俯身双臂伸直支撑于肩关节正下方，保持背部平直，核心收紧。

**过程**

保持身体稳定的同时，一侧手臂伸直并沿耳边向前抬起，对侧腿向后抬起伸直至与地面平行。抬起的手臂屈肘，同时抬起的腿屈髋屈膝，使肘关节与膝关节相碰。恢复至起始姿势，然后重复肘膝触碰动作，直到完成规定次数。换对侧重复。

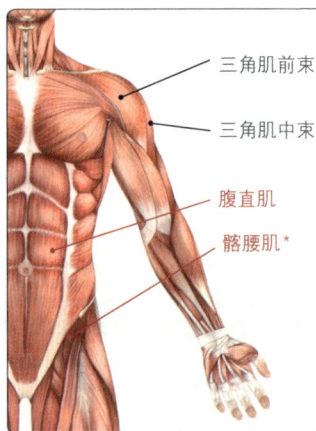

三角肌前束

三角肌中束

腹直肌

髂腰肌 *

✓ • 核心收紧。

✗ • 运动过程中身体过度摇晃。

股外侧肌　股直肌　　腹横肌*　腹直肌

**呼吸**
臀部抬起时呼气，
恢复时吸气

腓肠肌

比目鱼肌

(!) 若存在臀部或脚踝不适，则不建议进行此项训练。

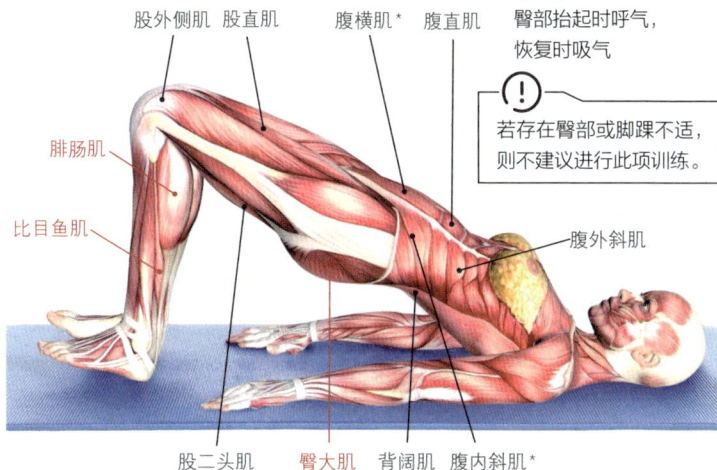

腹外斜肌

**臀桥—静态**

股二头肌　　臀大肌　背阔肌　腹内斜肌*

✅
• 臀部抬起时收紧。

❌
• 过度向上挺腰。

**动作**

仰卧在垫子上，双脚分开与髋同宽，平放于垫面，与臀部保持舒适距离，脚尖抬起，向前或略向外。臀部抬起，使膝盖至肩部尽可能呈一条直线，感受臀肌的收紧发力，保持规定的时间。

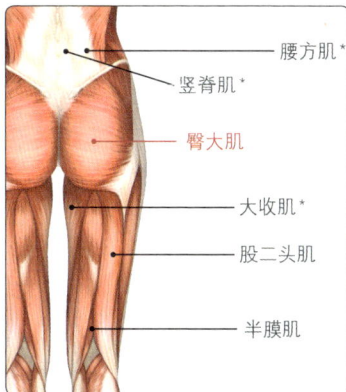

腰方肌*

竖脊肌*

臀大肌

大收肌*

股二头肌

半膜肌

7

## 螃蟹爬行－纵向

肱三头肌

胸大肌

股内侧肌

腹直肌

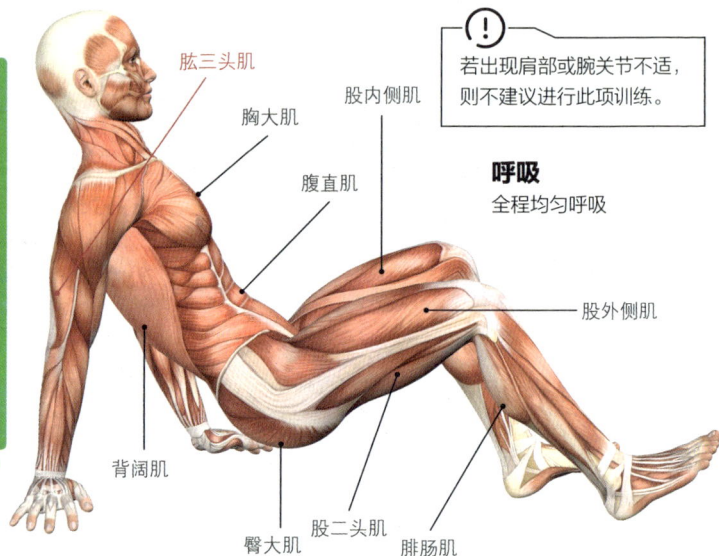

! 若出现肩部或腕关节不适，则不建议进行此项训练。

**呼吸**
全程均匀呼吸

股外侧肌

背阔肌

臀大肌

股二头肌

腓肠肌

✓
· 核心收紧。
· 背部挺直。

✗
· 重心不稳。
· 手腕压力过大。

**起始**

身体呈仰卧四肢支撑，双臂伸直，于肩关节下方支撑于地面，屈髋屈膝，双脚脚跟支撑于地面，臀部与地面之间留一拳距离，背部挺直。

**过程**

上半身保持稳定，一侧手与对侧脚同时向前移动，然后换对侧重复。向前移动至规定距离或次数。

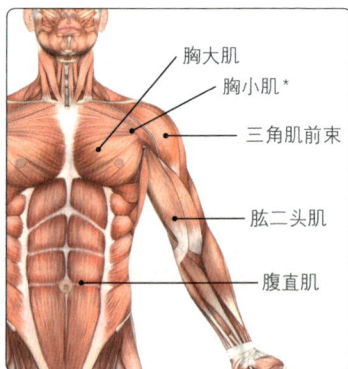

胸大肌

胸小肌*

三角肌前束

肱二头肌

腹直肌

臀大肌

臀中肌 *

臀小肌 *

腰方肌 *

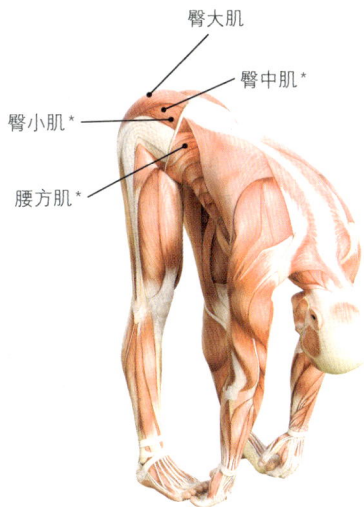

## 下蹲俯身腘绳肌拉伸

> ( ! ) 若膝盖、髋部存在不适，则不建议进行此项训练。

### 呼吸

全程保持均匀呼吸，呼气的时候可适当加大拉伸幅度。

● ● ●

竖脊肌 *

腰方肌 *

臀中肌

臀小肌 *

臀大肌

半腱肌

股二头肌

半膜肌

腓肠肌

比目鱼肌

✅
- 脚跟不要抬起，保持全脚掌着地。
- 俯身时，保持背部挺直。

❌
- 屏住呼吸。

### 起始

双脚开立，大于肩宽，腰背挺直，双臂伸直自然放在身体两侧。

### 过程

屈膝下蹲至大腿于小腿贴合，腰背挺直，双手抓住脚尖。保持俯身状态，伸髋伸膝，此时大腿后侧肌群及臀肌下部应有中等强度拉伸感，保持该姿势 3~5 秒。重复该动作至规定次数。

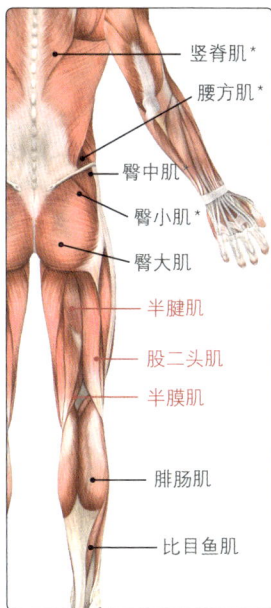

9

**相扑深蹲**

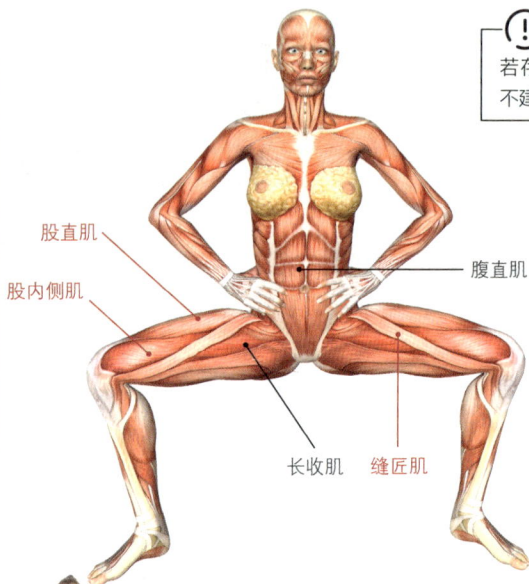

股直肌
股内侧肌
腹直肌
长收肌　缝匠肌

!

若存在膝关节不适，则不建议进行此项训练。

**呼吸**
下蹲时吸气，
恢复时呼气

✓
- 上半身挺直。
- 核心收紧。
- 躯干保持稳定。

✗
- 双肩上耸。
- 膝盖内扣。

**起始**

由站姿开始。双脚间距约为两倍肩宽，脚尖向外，双手扶腰，目视前方。

**过程**

双腿屈膝下蹲，大腿尽可能与地面平行，膝盖方向与脚尖方向保持一致。恢复起始姿势。重复动作，完成规定次数。

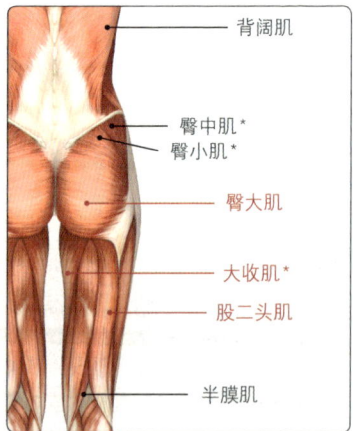

背阔肌

臀中肌 *
臀小肌 *

臀大肌

大收肌 *
股二头肌

半膜肌

**呼吸**

下蹲时吸气,
站起时呼气

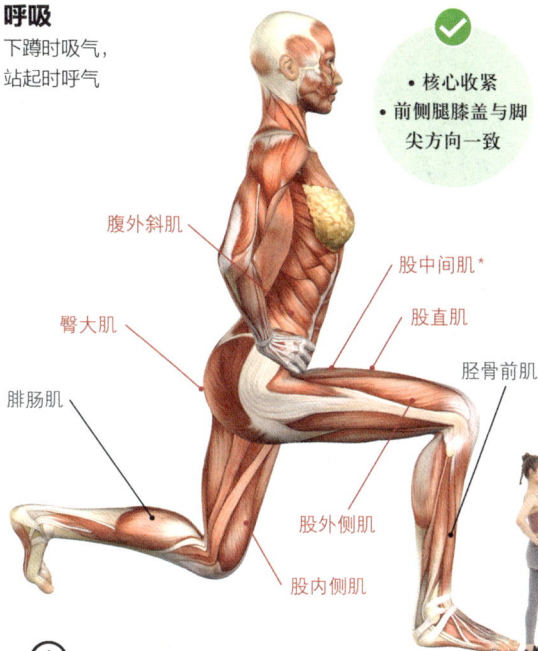

腹外斜肌

臀大肌

腓肠肌

股中间肌*

股直肌

胫骨前肌

股外侧肌

股内侧肌

✓
- 核心收紧
- 前侧腿膝盖与脚尖方向一致

✗
- 身体向一侧倾斜
- 上半身过度前倾

弓步走

● ● ●

> ⚠ 若存在髋部不适,则不建议进行此项训练。

**起始**

身体呈站立姿势,挺胸收腹,目视前方,双手扶腰。

**过程**

保持核心收紧,一侧腿向上提起至大腿尽可能与地面平行。抬起腿向前迈步,双腿屈膝至后侧腿膝盖接近地面,回到起始姿势。换另一侧重复。重复动作,完成规定次数。

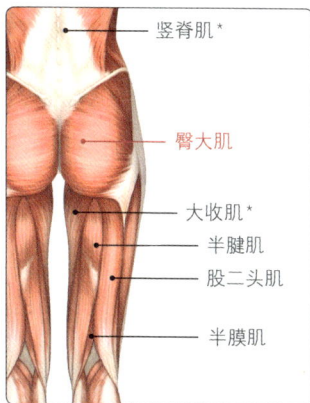

竖脊肌*

臀大肌

大收肌*

半腱肌

股二头肌

半膜肌

**后弓步**

**呼吸**

下蹲时吸气，
站起时呼气

若存在膝关节或髋部不适，
则不建议进行此项训练。

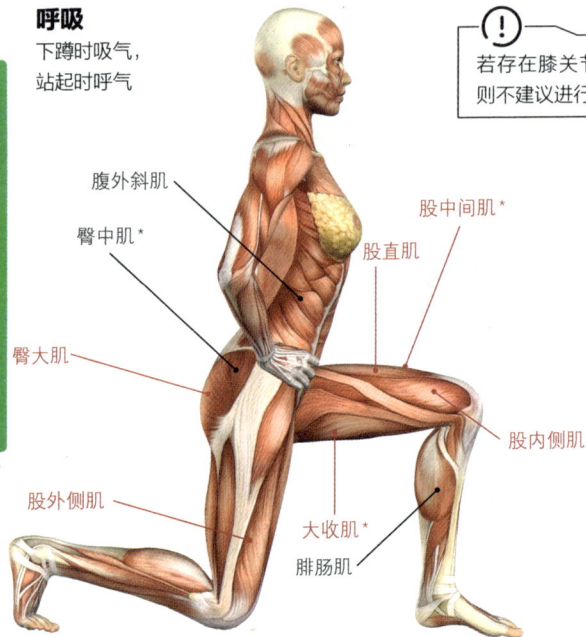

腹外斜肌

臀中肌 *

股中间肌 *

股直肌

臀大肌

股内侧肌

股外侧肌

大收肌 *

腓肠肌

✓
• 背部挺直。
• 核心收紧。
• 前侧腿膝盖与
  脚尖方向一致。

✗
• 身体向一侧倾斜。
• 上半身过度前倾。

臀大肌

半腱肌

股二头肌

半膜肌

**起始**

身体呈站立姿势，挺胸收腹，目视
前方，双手扶腰。

**过程**

保持上半身挺直，一侧腿向后撤步
的同时双腿屈膝，至后侧腿膝盖接
近地面。动作完成，前侧腿发力，
回到起始姿势。重复至规定次数。
换另一侧重复上述步骤。

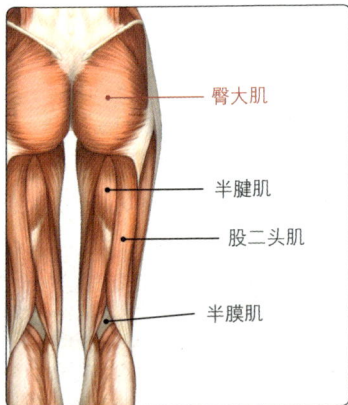

**呼吸**

下蹲时吸气，
跳起时呼气

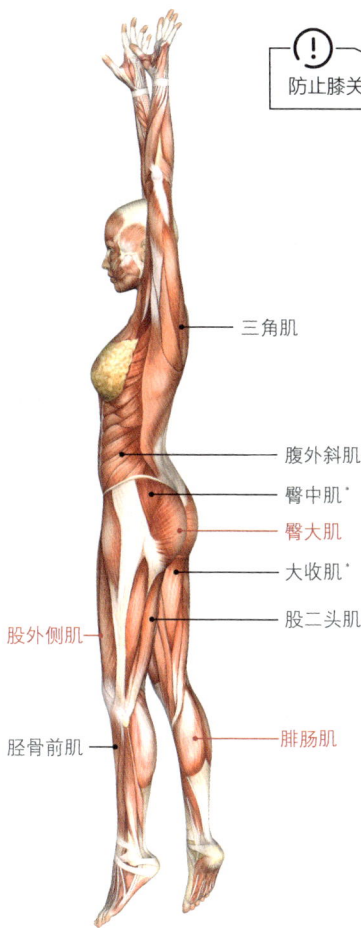

防止膝关节损伤。

弓步跳

三角肌

腹外斜肌

臀中肌*

臀大肌

大收肌*

股二头肌

股外侧肌

腓肠肌

胫骨前肌

**起始**

身体呈弓步姿，双腿一前一后，双臂伸直，放于身体后侧。

**过程**

向上跳起，同时双臂向上伸直。保持身体稳定，双脚交换位置后落地。换另一侧重复。重复动作，完成规定次数。

长收肌

股中间肌*

股直肌

股外侧肌

股内侧肌

- 核心收紧。
- 上半身挺直。

- 膝盖内扣。
- 上半身过度前倾。

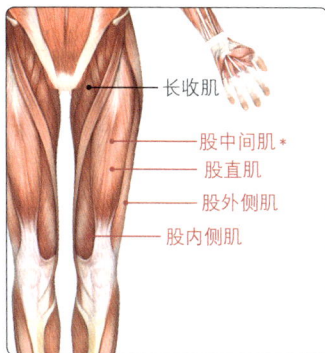

13

阔筋膜张肌
股直肌
股外侧肌
腹外斜肌
腹横肌 *
腹内斜肌 *
腹直肌

股内侧肌
缝匠肌

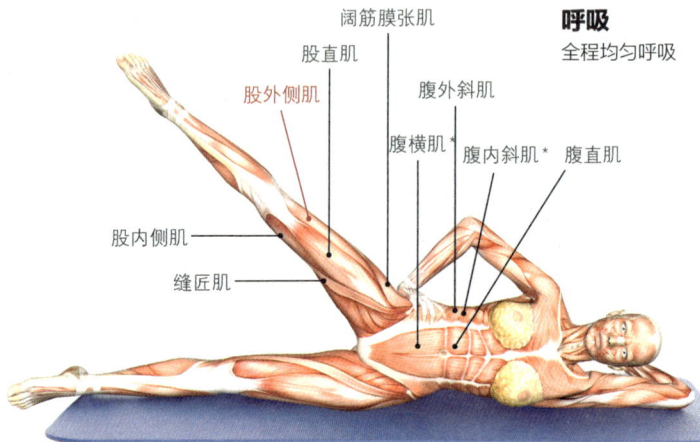

**呼吸**
全程均匀呼吸

! 若髋部存在不适，则不建
议进行此项练习。

**起始**

侧卧，头部枕于下侧手臂，对侧手
自然扶住髋部外侧，双腿伸直，双
脚并拢。

**过程**

保持身体稳定，上侧腿向上抬起，
保持 1~2 秒。回到起始姿势，完
成规定次数。换另一侧重复上述
步骤。

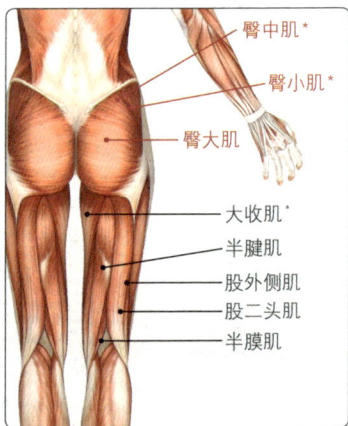

✓
• 抬起腿在一个
平面内运动。

✗
• 双腿膝关节
弯曲。
• 身体晃动。

臀中肌 *
臀小肌 *
臀大肌

大收肌 *
半腱肌
股外侧肌
股二头肌
半膜肌

**侧卧—直膝髋外展**

腹直肌

**呼吸**
屈髋外展时呼气，
恢复时吸气

股直肌

髂腰肌*

长收肌

(!) 若髋部存在不适，则不
建议进行此项训练。

股内侧肌

✔
• 核心收紧。
• 躯干保持稳定。
• 下肢移动速度
  均匀。

✘
• 身体随腿部运动
  而转动。

臀中肌*

臀大肌

股外侧肌

大收肌*

股二头肌

**起始**

由站立姿势开始，双脚间距与肩同
宽，双手放于身体两侧。

**过程**

双手扶腰，重心移至一侧脚，对侧
腿屈膝抬起至大腿与地面平行。保
持身体稳定，抬起腿以髋部为轴，
外展至最大限度，稍作停顿后恢复
起始姿势。重复动作，完成规定的
次数。换另一侧重复上述步骤。

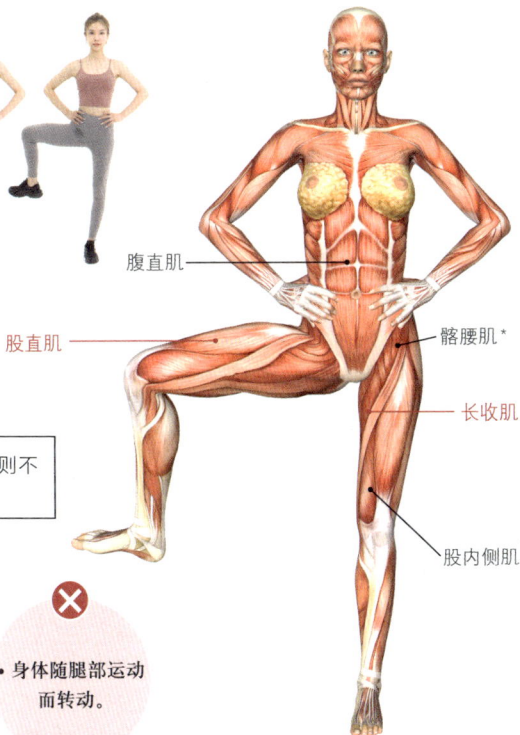

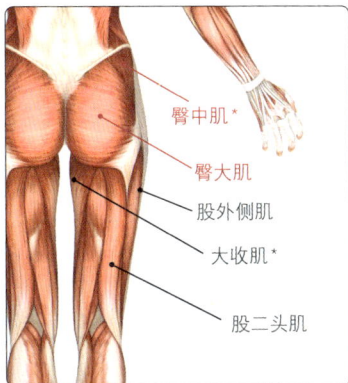

15

**侧弓步**

✅
- 背部挺直。
- 核心收紧。
- 放松肩部和颈部。

❌
- 膝盖内扣。
- 上半身过度前倾。

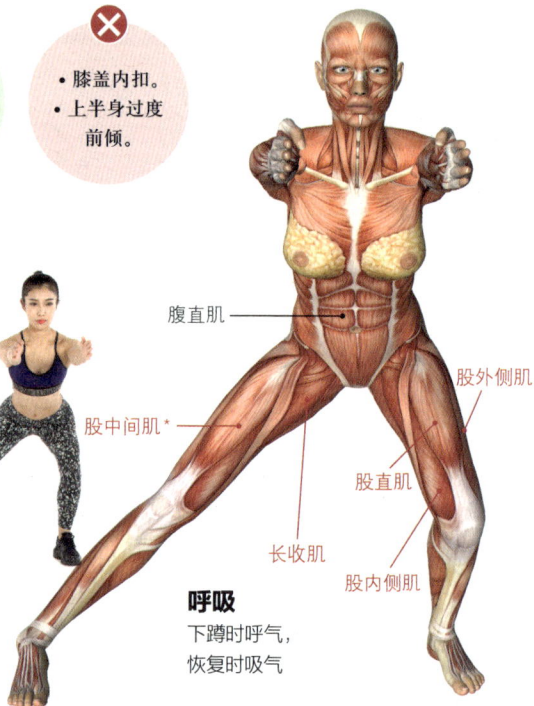

腹直肌

股外侧肌

股中间肌*

股直肌

长收肌

股内侧肌

**呼吸**
下蹲时呼气，恢复时吸气

ℹ️ 若存在髋部或膝关节不适，则不建议进行此项训练。

**起始**

身体呈站立姿，双脚并拢，挺胸直背，核心收紧，双手自然垂于身体两侧。

**过程**

双臂前平举，同时一侧腿保持伸直，对侧腿向外跨一大步，屈髋屈膝。屈曲腿发力快速站起，回到起始姿势。换另一侧重复上述步骤。重复动作，完成规定次数。

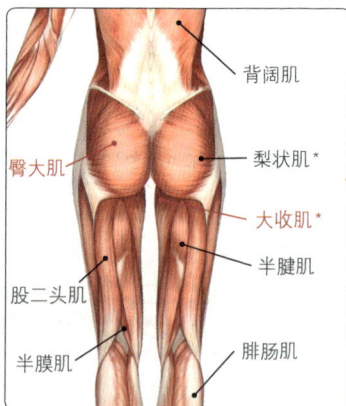

背阔肌

臀大肌

梨状肌*

大收肌*

半腱肌

股二头肌

半膜肌

腓肠肌

**呼吸**
全程均匀呼吸

背阔肌

股外侧肌

股直肌

阔筋膜张肌　腹直肌

腹外斜肌

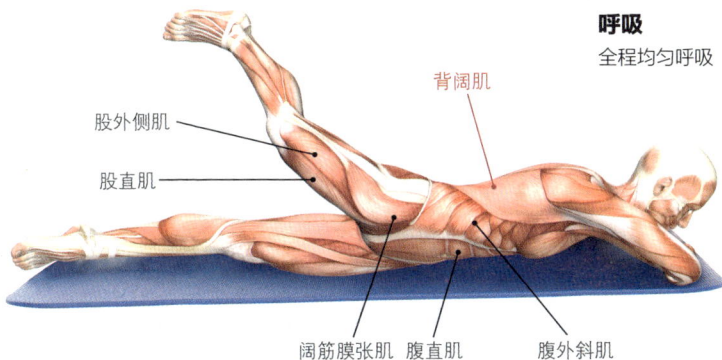

(!) 若背部存在不适，则不建议进行此项训练。

✓
• 躯干保持不动。
• 保持核心收紧。

✗
• 身体过度翻转。
• 头部抬起。

**起始**

俯卧在瑜伽垫上，双臂交叠于头部下方，双腿分开，与肩同宽。

**过程**

保持背部挺直，右腿向上抬起。右腿向左侧转动。回到起始姿势。换另一侧重复上述步骤。重复至规定次数。

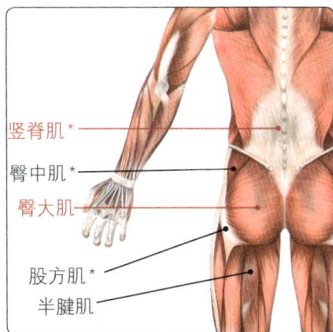

竖脊肌*

臀中肌*

臀大肌

股方肌*

半腱肌

17

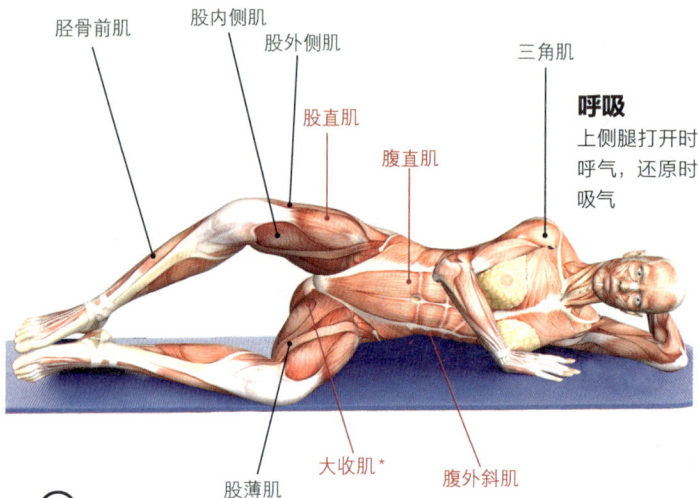

胫骨前肌

股内侧肌

股外侧肌

股直肌

腹直肌

三角肌

**呼吸**
上侧腿打开时
呼气，还原时
吸气

## 蚌式开合

大收肌*

腹外斜肌

股薄肌

! 若髋部存在不适，则不建议进行此项练习。

### 起始

侧卧于垫上，头枕一侧前臂，对侧手臂撑于胸前，双腿屈膝并拢。

### 过程

核心收紧，保持双脚接触，上方的腿外旋向上打开，双腿形似"蚌壳打开"的形状，保持该姿势 1~2 秒。回到起始姿势，完成规定次数。换另一侧重复上述步骤。

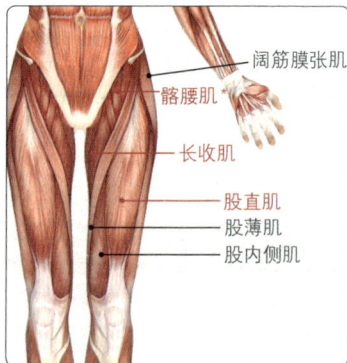

✔ • 背部挺直。

✘ • 骨盆转动过多。

阔筋膜张肌

髂腰肌*

长收肌

股直肌

股薄肌

股内侧肌

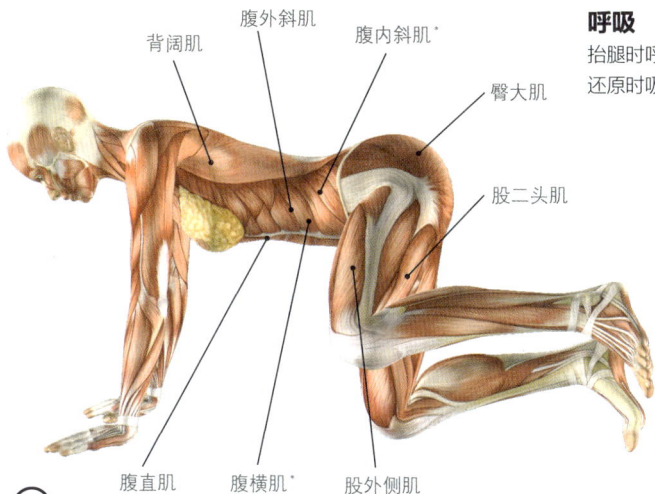

背阔肌
腹外斜肌
腹内斜肌*
臀大肌
股二头肌
腹直肌
腹横肌*
股外侧肌

**呼吸**
抬腿时呼气，
还原时吸气

● ● ●

(!) 当腿部疼痛、髋关节疼痛、腰部有问题时，谨慎练习。

✔ • 臀部收紧。

✘ • 背部弓起。

**起始**

跪于垫上，双臂伸直支撑于垫面，保持背部平直，核心收紧。

**过程**

保持身体稳定的同时，一侧腿保持屈膝并向外侧抬起至最大限度。回到起始姿势，完成规定次数。换对侧重复。

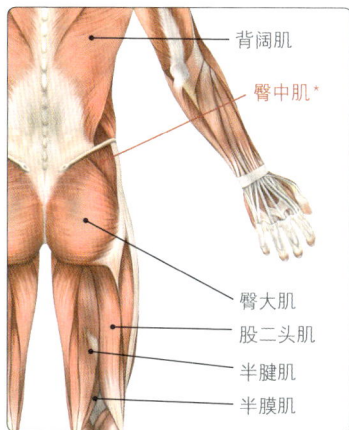

背阔肌
臀中肌*
臀大肌
股二头肌
半腱肌
半膜肌

19

## 跪姿－腿画圆

股二头肌

臀大肌

三角肌　斜方肌

背阔肌

**呼吸**
全程均匀呼吸

胫骨前肌

肱二头肌

！ 若存在髋部或肩部不适，则不建议进行此项训练。

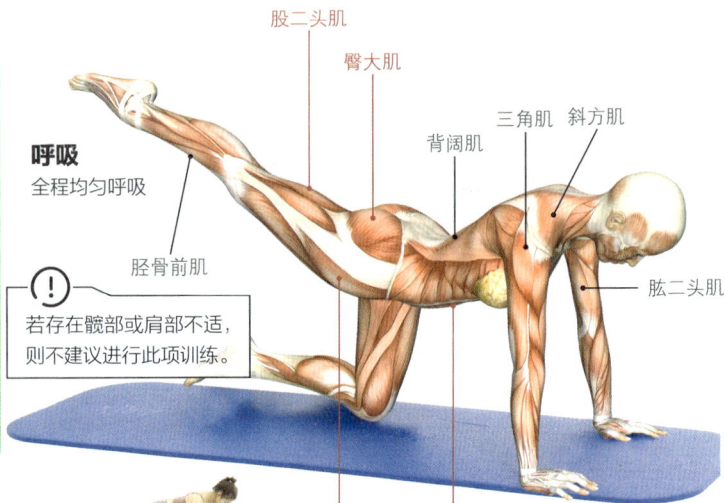

阔筋膜张肌　腹直肌

✓ • 身体保持稳定。

✕ • 腿部过度抬高。
• 腰部下塌。

臀大肌

大收肌 *

股二头肌

半腱肌

### 起始

双膝跪于垫上，俯身双臂伸直支撑于肩关节正下方，保持背部平直，核心收紧。

### 过程

保持核心收紧，一侧腿伸直向上抬起。背部挺直，保持身体稳定，抬高腿绷直画圆。重复动作，完成规定次数。换另一侧重复上述步骤。

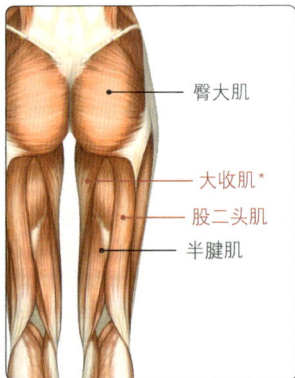

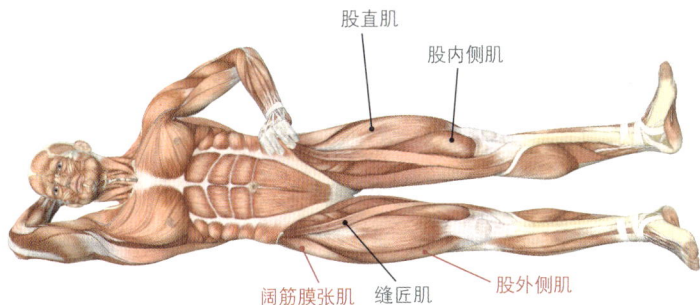

股直肌

股内侧肌

阔筋膜张肌　缝匠肌　　股外侧肌

**呼吸**

全程均匀呼吸

(!) 当腿部疼痛、髋关节疼痛、腰部有问题时，谨慎练习。

**起始**

侧卧于垫上，头枕一侧前臂，另一侧手置于腰部，躯干挺直，双腿伸直，并拢。

**过程**

双腿保持伸直，上侧腿抬起一定距离，然后外旋至最大限度，随后缓慢内旋。完成规定次数，换对侧重复。

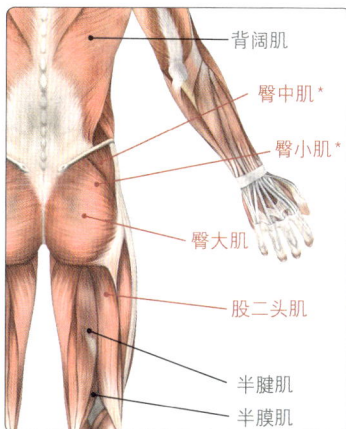

背阔肌

臀中肌*

臀小肌*

臀大肌

股二头肌

半腱肌

半膜肌

✓
· 臀部收紧。
· 双腿始终伸直。

✗
· 背部弓起。

# 第 2 章

# 臀肌入门训练

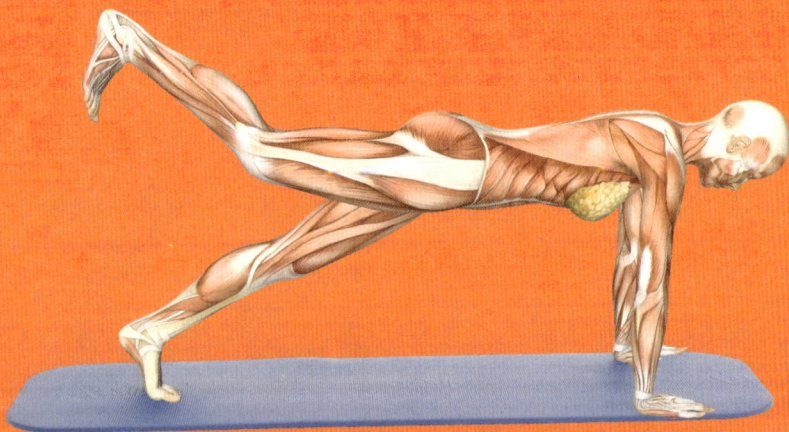

**呼吸**
全程均匀呼吸

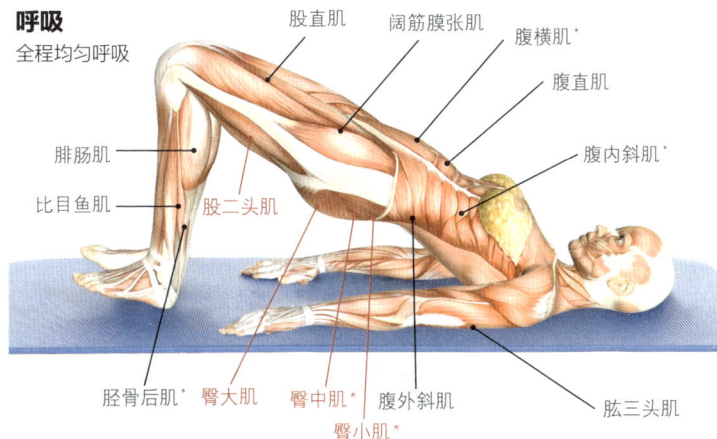

股直肌
阔筋膜张肌
腹横肌*
腹直肌
腓肠肌
比目鱼肌
股二头肌
腹内斜肌*
胫骨后肌*　臀大肌　臀中肌*　腹外斜肌
臀小肌*
肱三头肌

!
若髋部存在不适，则不建议进行此项练习。

✔
• 核心收紧，脚尖抬起。

✘
• 脚跟离地。

竖脊肌*
梨状肌*
股方肌*
半腱肌
股二头肌
半膜肌

**起始**

仰卧，双臂自然放于身体两侧，屈髋屈膝，脚尖勾起。

**过程**

臀部收紧，向上抬起髋部，直至肩、躯干、髋和膝尽可能在一条直线上，保持 1~2 秒。回到起始姿势，完成规定次数。

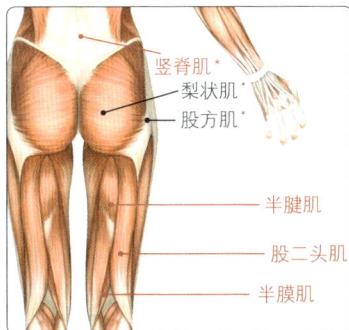

**呼吸**

发力时呼气，还原时吸气。

腹横肌*　腹直肌

腹外斜肌

! 若膝盖、髋部存在不适，则不建议进行此项训练。

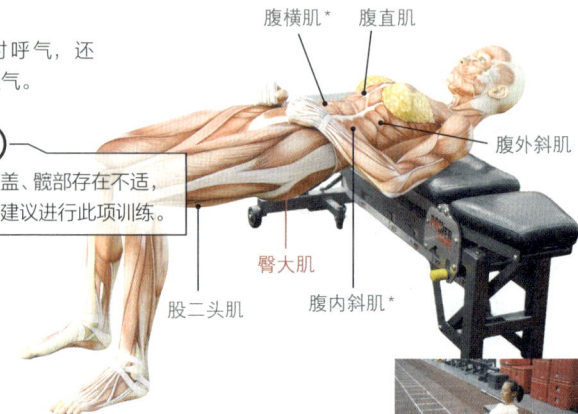

臀大肌

股二头肌　腹内斜肌*

臀冲

✅
• 膝盖与脚尖指向始终在同一直线。
• 小腿垂直于地面。
• 臀部不碰触地面。

❌
• 过度顶腰。
• 颈部屈曲。
• 髋伸不足。
• 脚跟抬起。

**起始**

后背肩胛骨下缘靠在训练椅上，双脚位于臀部抬起时小腿与地面垂直的位置，双脚分开与肩同宽，双手自然放置于腹部上方，臀部悬空。

**过程**

臀肌发力向上顶起髋部，至大腿与身体呈一条直线。保持 1~2 秒，回到起始姿势。重复上述步骤至规定的次数。

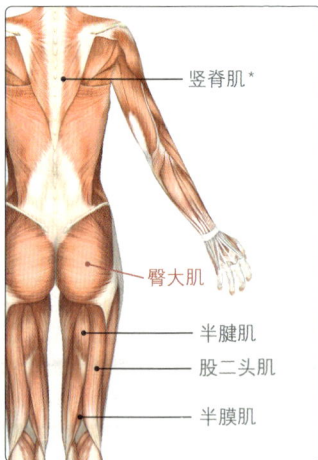

竖脊肌*

臀大肌

半腱肌
股二头肌
半膜肌

**呼吸**
挺髋时呼气，
还原时吸气

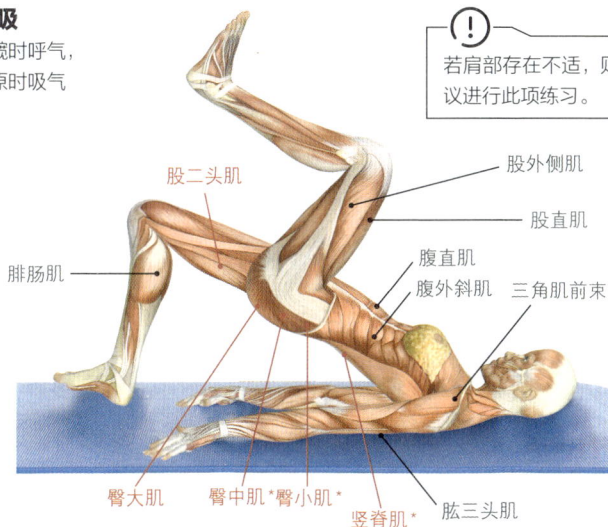

若肩部存在不适,则不建议进行此项练习。

股二头肌

股外侧肌

股直肌

腓肠肌

腹直肌
腹外斜肌 三角肌前束

臀大肌 臀中肌* 臀小肌* 竖脊肌* 肱三头肌

**臀桥－军步－静态**

✔ •挺髋过程中支撑腿膝和脚尖方向一致。

✘ •支撑腿晃动。

**起始**

仰卧,双臂自然放于身体两侧,一侧腿屈膝撑地,对侧腿屈膝屈髋90°向上抬起。

**过程**

臀部收紧,抬起髋部,直至肩、躯干、髋和支撑腿膝关节尽可能在一条直线上。保持姿势至规定时间。换另一侧重复上述步骤。

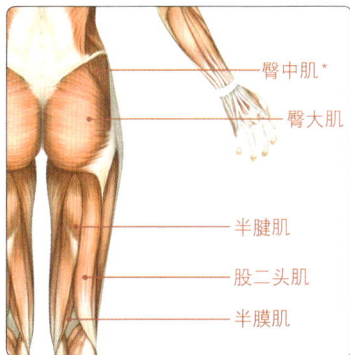

臀中肌*
臀大肌
半腱肌
股二头肌
半膜肌

臀桥—单腿—静态 •••

股外侧肌

股直肌

腹直肌

**呼吸**
全程均匀呼吸

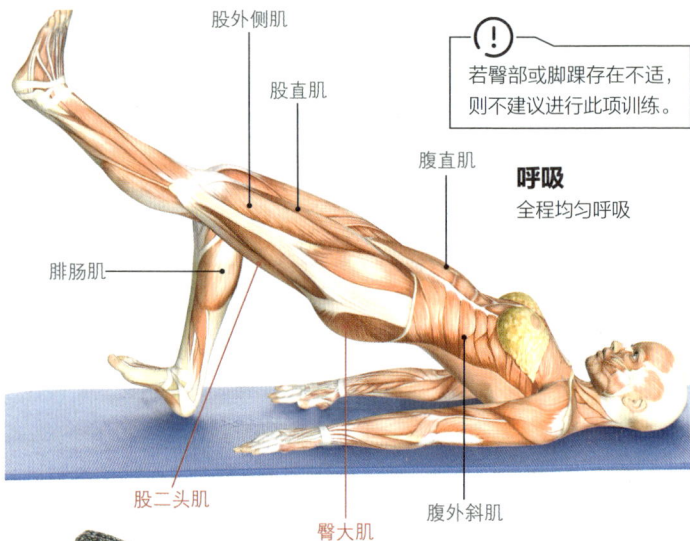

若臀部或脚踝存在不适，则不建议进行此项训练。

腓肠肌

股二头肌

臀大肌

腹外斜肌

✓
• 臀部抬起时收紧。

✗
• 骨盆向一侧倾斜。
• 臀部下落。

腰方肌*

臀大肌

半腱肌

股二头肌

### 起始

身体呈仰卧姿，双臂自然放于身体两侧，双腿屈膝，脚尖勾起，臀部收紧，抬起髋部，直至肩部至膝盖尽可能呈一条直线。

### 过程

一侧腿伸直，向上抬起，脚踝至肩呈一条直线，保持姿势至规定时间。换另一侧重复上述步骤。

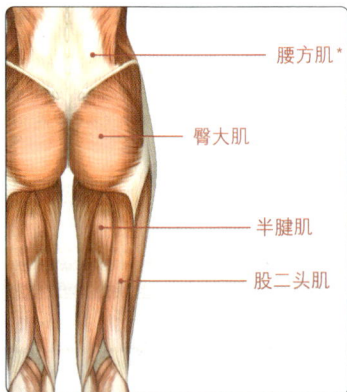

**呼吸**

抬腿时呼气，
恢复时吸气

股二头肌

臀大肌

背阔肌

三角肌

股外侧肌

(!)
若存在踝关节或肩部不适，
则不建议进行此项训练

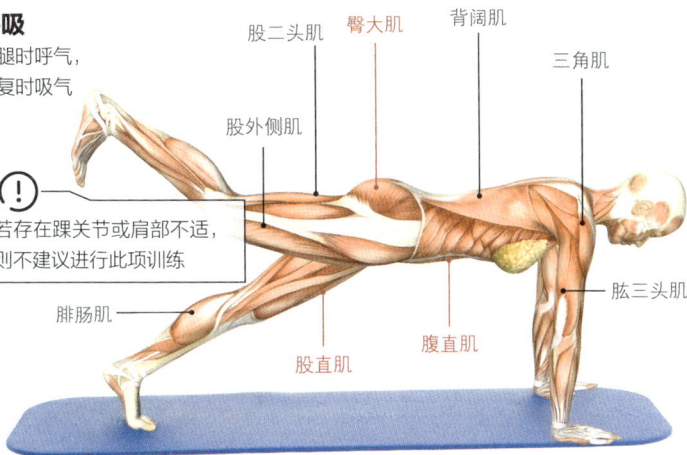

肱三头肌

腓肠肌

股直肌

腹直肌

平板支撑－直腿后伸

✓
• 核心收紧。
• 背部挺直。

✗
• 膝关节不完全
伸展。

三角肌

胸小肌*

肱二头肌

腹外斜肌

阔筋膜张肌

长收肌

**起始**

身体呈俯卧撑姿势，双脚并拢，双
臂伸直，双手撑于肩部外侧下方，
间距略比肩宽。

**过程**

保持核心稳定，一侧腿伸直，向上
抬起。回到起始姿势，换对侧重复。
两侧交替进行，完成规定次数。

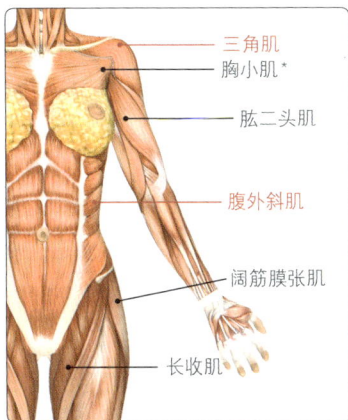

**深蹲**

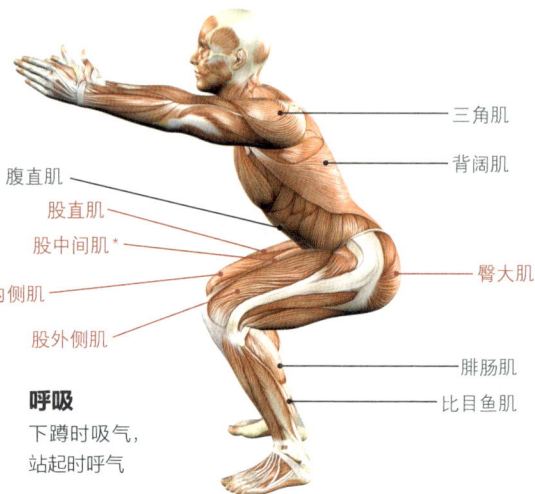

三角肌
背阔肌
腹直肌
股直肌
股中间肌*
股内侧肌
股外侧肌
臀大肌
腓肠肌
比目鱼肌

**呼吸**
下蹲时吸气，
站起时呼气

✓
• 尽量下蹲至大腿与地面平行。
• 上半身保持挺直。
• 头部始终上抬。

✗
• 弯腰塌背。

⚠
膝关节疼痛，则不建议进行此项训练。

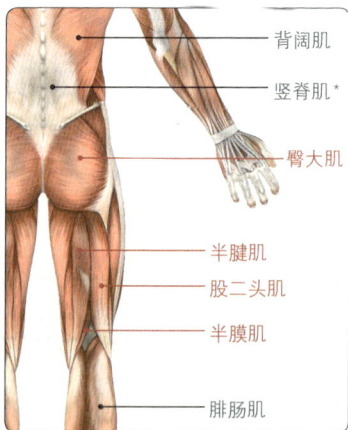

背阔肌
竖脊肌*
臀大肌
半腱肌
股二头肌
半膜肌
腓肠肌

**起始**

站姿，双脚分开与肩同宽，脚尖朝前，双手自然放于身体两侧。

**过程**

双臂向前伸直，掌心相对，屈膝屈髋下蹲至大腿尽量与地面平行，然后臀肌发力。快速站起，回到起始姿势。重复以上步骤至规定次数。

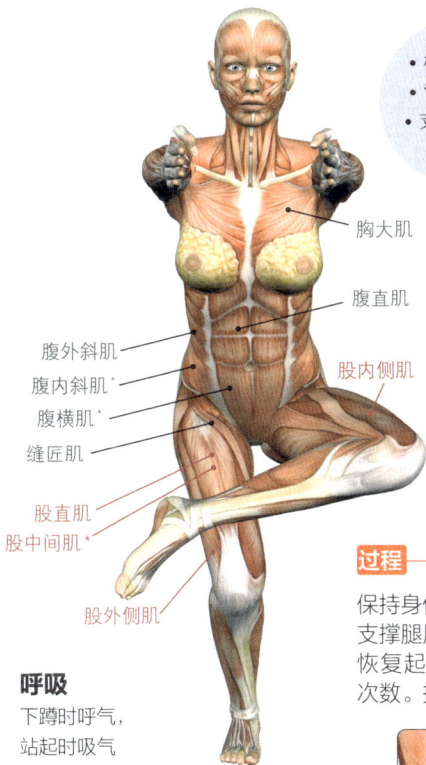

- 核心收紧。
- 背部挺直。
- 支撑腿保持固定。

- 膝关节超过脚尖。
- 身体重心不稳。

胸大肌

腹直肌

腹外斜肌
腹内斜肌*
腹横肌*
缝匠肌

股内侧肌

股直肌
股中间肌*

股外侧肌

(!) 若存在髋部或膝关节疼痛，则不建议进行此项训练。

**起始**

身体自然直立，双脚间距与肩同宽，双臂落于身体两侧。保持身体稳定，一侧腿屈膝外旋，脚搭于对侧腿膝盖处。

**过程**

保持身体稳定，双臂前平举，掌心相对，支撑腿屈髋屈膝下蹲，然后臀肌发力，恢复起始姿势。重复动作，完成规定次数。换另一侧重复上述步骤。

**呼吸**
下蹲时呼气，站起时吸气

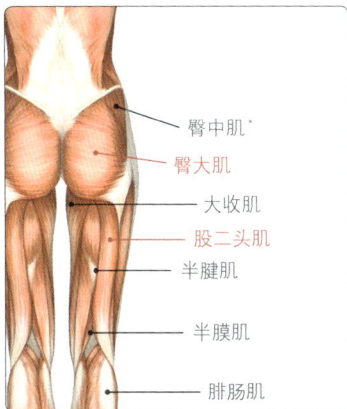

**单腿深蹲**

臀中肌*
臀大肌
大收肌
股二头肌
半腱肌
半膜肌
腓肠肌

**箱式深蹲**

**呼吸**

下蹲时吸气，
恢复时呼气

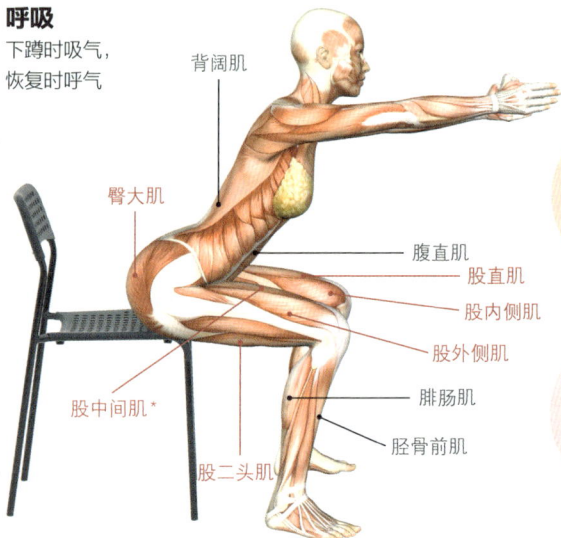

背阔肌

臀大肌

腹直肌

股直肌

股内侧肌

股外侧肌

腓肠肌

胫骨前肌

股中间肌*

股二头肌

✓
- 背部挺直。
- 核心收紧。
- 膝盖与脚尖方向一致。

✗
- 背部拱起。
- 膝关节内扣。

**起始**

身体直立，双脚开立与肩同宽，椅子放于身体后侧。

**过程**

核心收紧，臀部缓慢向下至接触椅子边缘，同时双臂前平举，然后臀肌发力回到起始姿势。重复至规定次数。

⚠️ 若存在髋部或膝关节不适，则不建议进行此项训练。

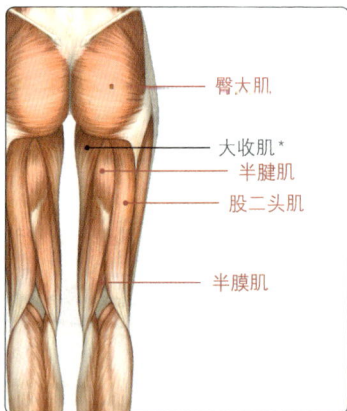

臀大肌

大收肌*

半腱肌

股二头肌

半膜肌

**呼吸**

下蹲时吸气，
站起时呼气

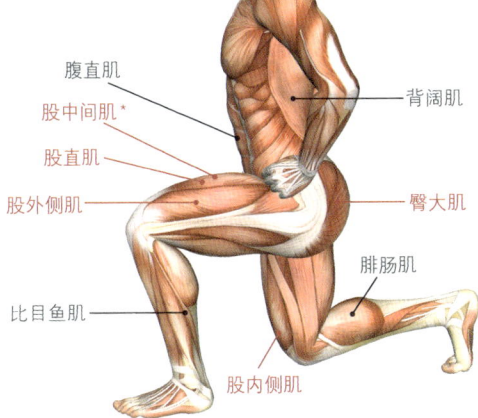

腹直肌

股中间肌 *

股直肌

股外侧肌

比目鱼肌

背阔肌

臀大肌

腓肠肌

股内侧肌

✅
- 前跨步时步幅
  要足够大。
- 背部挺直。
- 核心收紧。

❌
- 背部弯曲。

交替前弓步

❗ 膝关节疼痛，则不建
议进行此项训练。

● ● ●

**起始**

由站立姿势开始，双脚开立，背部挺直，核
心收紧，双臂自然下垂。

**过程**

双手叉腰，同时左腿向前方跨出，右脚脚跟
提起。双腿屈曲，身体下降至前腿大腿与地
面平行，后腿膝关节接近地面。前腿发力蹬
地，带动身体上升。回到起始姿势，换对侧
重复。重复以上步骤至规定次数。

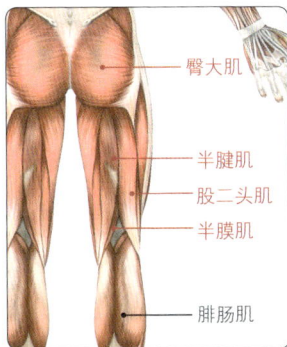

臀大肌

半腱肌

股二头肌

半膜肌

腓肠肌

## 哑铃硬拉

**呼吸**
俯身时吸气，
拉起时呼气

三角肌中束

肱二头肌

股直肌

腹直肌

股内侧肌

腹横肌*

若下背部存在不适，则不建议进行此项训练。

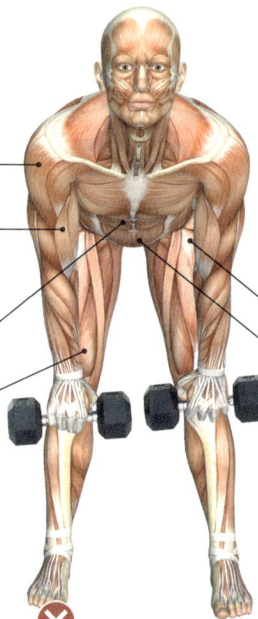

- 背部保持平直。
- 核心收紧。
- 保持重心在脚掌中部。

- 弯腰弓背。
- 拉伸速度过快。

背阔肌

臀中肌*
臀小肌*
臀大肌

大收肌*

股二头肌

半膜肌

### 起始

双脚分开略宽于肩站立，臀部后移，俯身屈髋屈膝，双手自然下垂握住两只哑铃。

### 过程

保持背部挺直，臀部发力，伸膝同时臀部向前推，抬起上身的同时将哑铃顺着小腿和大腿前侧垂直上提，回到起始姿势。完成规定的次数。

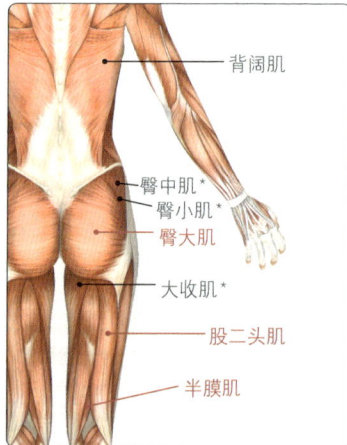

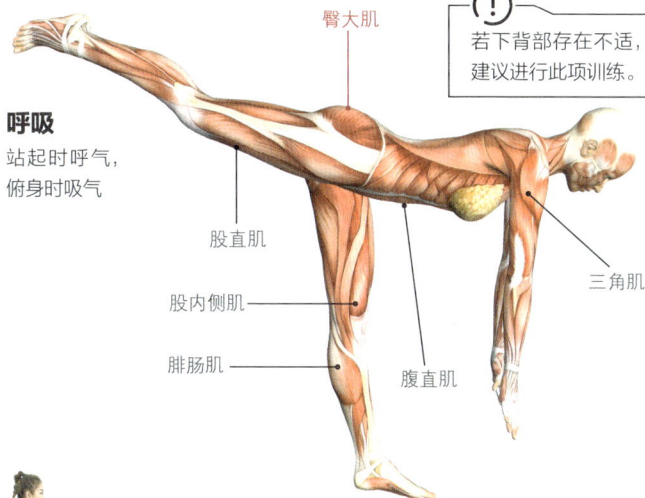

臀大肌

若下背部存在不适，则不建议进行此项训练。

**呼吸**
站起时呼气，
俯身时吸气

股直肌

股内侧肌

腓肠肌

腹直肌

三角肌

**单腿硬拉**

✓
• 躯干挺直。
• 非支撑腿脚尖向下，且与躯干呈一条直线。

✗
• 支撑腿屈膝。
• 背部拱起。

臀中肌*
臀小肌*
臀大肌
股外侧肌
半腱肌
股二头肌
半膜肌

**起始**

站立，上身挺直，双臂自然垂落于身体两侧。

**过程**

保持支撑腿伸直，对侧腿向后抬起，带动身体向前俯身至与地面平行，目视地面，双臂自然下垂，稍作停顿。恢复起始姿势，完成规定的次数。换另一侧重复上述步骤。

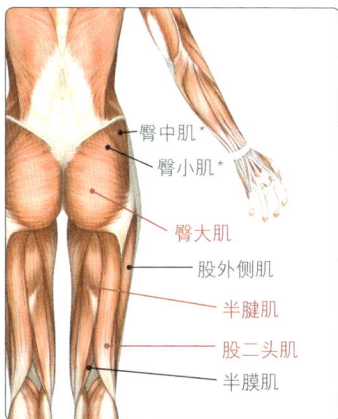

## 保加利亚单腿蹲

**呼吸**

站起时呼气，下蹲时吸气

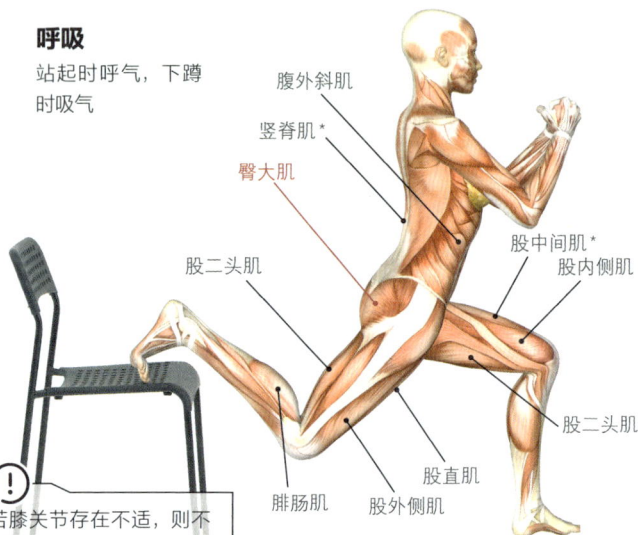

腹外斜肌

竖脊肌*

臀大肌

股二头肌

股中间肌*

股内侧肌

股二头肌

股直肌

腓肠肌

股外侧肌

若膝关节存在不适，则不建议进行此项训练。

- 膝关节与脚尖方向一致。
- 躯干保持直立。

- 身体向一侧倾斜。
- 背部拱起。

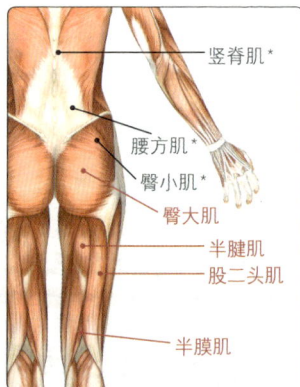

竖脊肌*

腰方肌*

臀小肌*

臀大肌

半腱肌

股二头肌

半膜肌

### 起始

坐在椅子边缘，双腿伸直，找到落脚点，然后站起来，一侧腿向后伸，脚尖搭于椅子上，前腿伸直，双手握拳屈肘置于胸前，重心靠前。

### 过程

保持身体稳定，前腿屈膝斜向后下蹲至与地面平行，稍作停顿。臀部发力站起，回到起始姿势，完成规定的次数。换另一侧重复上述步骤。

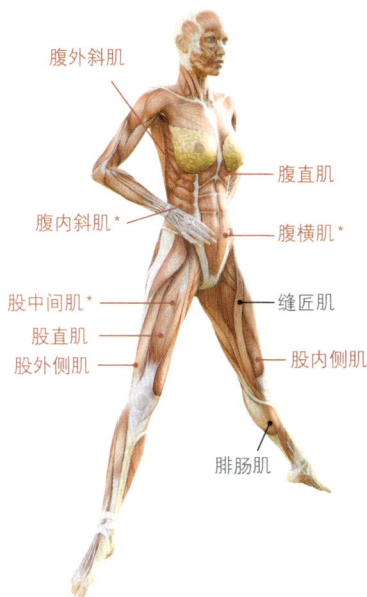

腹外斜肌

腹直肌

腹内斜肌＊

腹横肌＊

股中间肌＊

缝匠肌

股直肌

股外侧肌

股内侧肌

腓肠肌

**呼吸**

上跳时呼气，下蹲时吸气。

> (!) 若膝盖、髋部、踝部存在不适，则不建议进行此项训练。

**宽距深蹲跳**

✓
- 腾空时，核心收紧。

✗
- 背部弓起。
- 膝关节内扣。
- 膝关节超过脚尖。

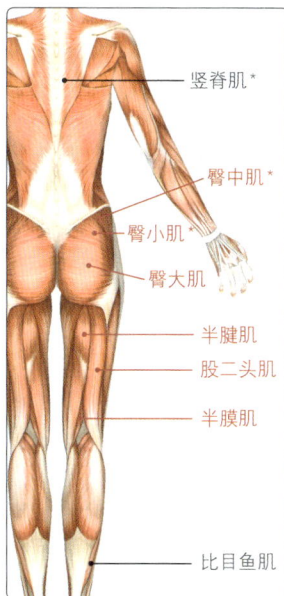

竖脊肌＊

臀中肌＊

臀小肌＊

臀大肌

半腱肌

股二头肌

半膜肌

比目鱼肌

**起始**

双脚开立，距离约为肩宽 2 倍，双手叉腰，腰背挺直。

**过程**

保持膝关节的方向与脚尖一致，完成深蹲之后，下肢发力向上跳，在空中双腿向两侧展开。落地同时屈髋屈膝，下蹲至大腿与地面平行。重复以上步骤至规定的次数。

## 迷你带 - 侧卧 - 直膝髋外展

**呼吸**

大腿外展时呼气，大腿内收时吸气。

阔筋膜张肌

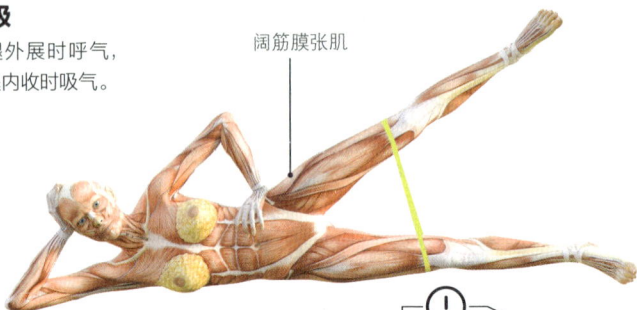

! 若膝盖、髋部存在不适，则不建议进行此项训练。

✓
- 核心收紧。
- 保持双腿伸直。
- 迷你带处于拉紧的状态。

✗
- 选择弹力不合适的迷你带。
- 背部弓起。

**起始**

侧卧，头部枕于下侧手臂，对侧手自然扶住髋部外侧，双腿伸直，双脚并拢。将迷你带绕过双腿膝关节上方，保持弹力带绷直但不拉伸。

**过程**

保持躯干姿势不变，上侧腿部向上拉伸弹力带至双腿呈 45 度。回到起始姿势，重复规定的次数。换另一侧重复上述步骤。

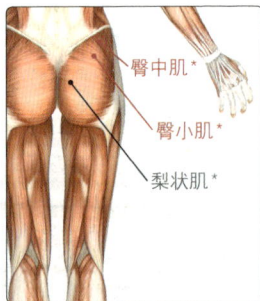

臀中肌 *

臀小肌 *

梨状肌 *

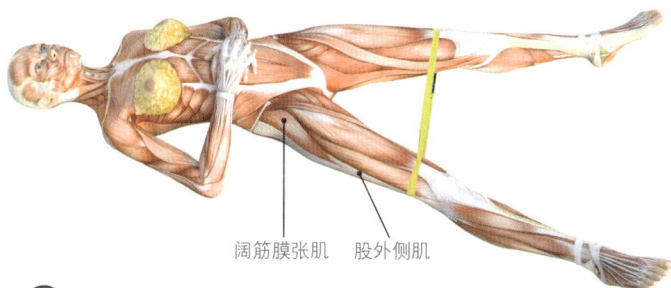

阔筋膜张肌　股外侧肌

( ! ) 若膝盖、髋部存在不适，则不建议进行此项训练。

**呼吸**
大腿外展时呼气，大腿内收时吸气。

✓
• 核心收紧。
• 保持双腿伸直。
• 迷你带处于拉紧的状态。

✗
• 选择弹力不合适的迷你带。
• 背部弓起。

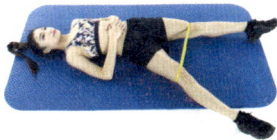

# 迷你带–仰卧–髋外展

**起始**

仰卧于垫上，双手自然放于腹部上，双腿伸直，将迷你带绕过双腿膝关节上方，保持迷你带绷直但不拉伸。

**过程**

保持躯干姿势不变，一侧腿向外展至双腿呈45度。回到起始姿势，重复规定的次数。换另一侧重复上述步骤。

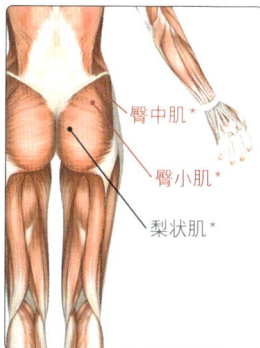

臀中肌 *
臀小肌 *
梨状肌 *

37

## 弹力带-髋外展

**呼吸**
外展时呼气，
恢复时吸气

( ! ) 保持身体稳定。

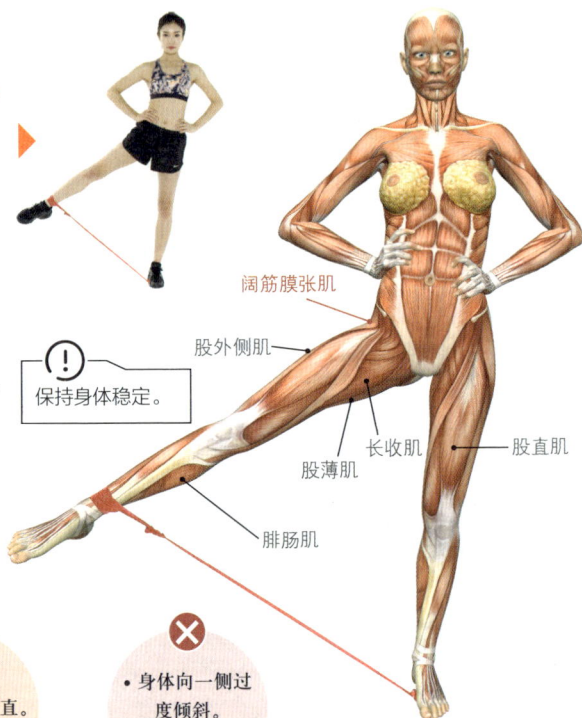

阔筋膜张肌

股外侧肌

长收肌

股薄肌

股直肌

腓肠肌

✓
- 躯干保持挺直。
- 核心收紧。

✕
- 身体向一侧过
度倾斜。
- 膝关节弯曲。

臀小肌*
臀大肌
股外侧肌
半腱肌
股二头肌
半膜肌
腓肠肌

### 起始

站姿，双脚开立，与肩同宽，双手扶腰。将
弹力带一端固定于一侧脚踝，另一侧脚踩住
弹力带另一端。

### 过程

保持身体姿势不变，缠绕弹力带的腿部向身
体外侧抬起。继续向身体外侧抬起，至大腿
与地面大约呈 45 度。恢复起始姿势，完成
规定的次数。换另一侧重复上述步骤。

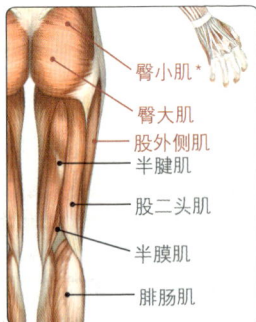

**呼吸**

下蹲时吸气，站起时呼气。

侧弓步—髋外展

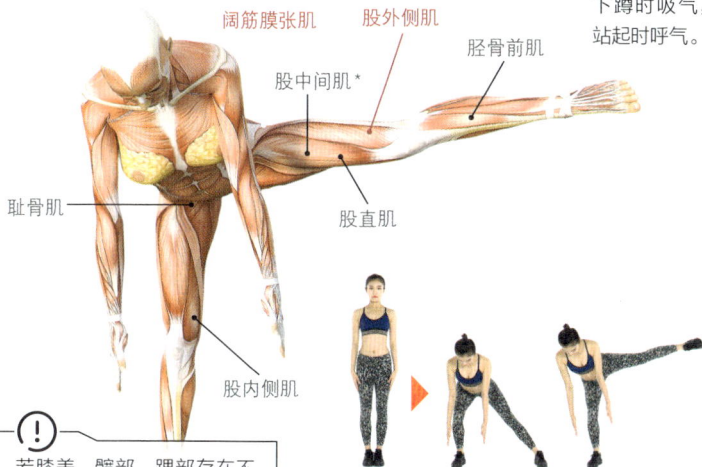

阔筋膜张肌　股外侧肌

股中间肌*

胫骨前肌

股直肌

耻骨肌

股内侧肌

(!) 若膝盖、髋部、踝部存在不适，则不建议进行此项训练。

✓
- 核心收紧。
- 膝关节不要超过脚尖。

✗
- 背部弓起。
- 膝关节内扣。

竖脊肌*

臀中肌*

臀小肌*

臀大肌

大收肌

半腱肌

股二头肌

半膜肌

腓肠肌

比目鱼肌

**起始**

双脚并拢站立，挺胸直背，腹部收紧，双手自然垂于身体两侧。

**过程**

一侧腿向外跨一大步，俯身，双臂伸直垂直于地面，支撑侧腿屈髋屈膝下蹲至呈侧步姿势。非支撑侧腿上向外展与地面平行，同时支撑侧腿伸直。回到侧弓步姿势，支撑侧腿蹬地，回到起始姿势。重复规定的次数。换至对侧重复以上步骤。

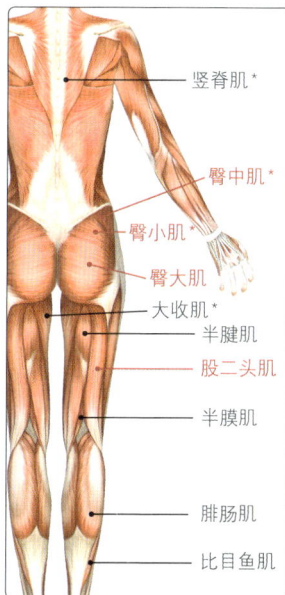

**呼吸**

全程均匀呼吸。

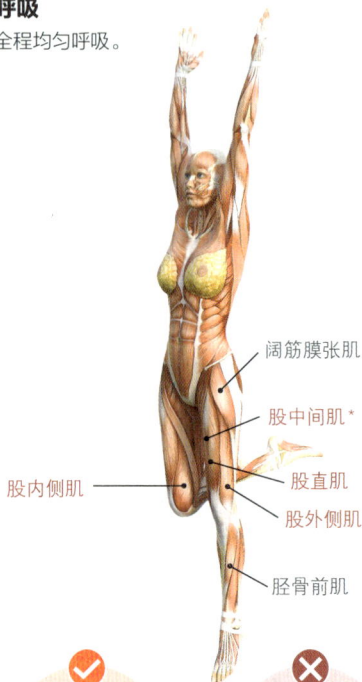

阔筋膜张肌

股中间肌*

股内侧肌

股直肌

股外侧肌

胫骨前肌

若膝盖、髋部、踝部存在不适，则不建议进行此项训练。

竖脊肌*

臀中肌*

臀小肌*

臀大肌

半腱肌

股二头肌

半膜肌

腓肠肌

比目鱼肌

- 核心收紧。
- 膝关节不要超过脚尖。

- 背部弓起。
- 膝关节内扣。

**起始**

单腿站立，屈髋屈膝下蹲，躯干前倾，背部平直，腹部收紧，双臂于身体两侧向后伸直。

**过程**

手臂向上快速摆起，并向支撑腿对侧跳起。对侧脚着地，落地屈髋屈膝缓冲。换对侧重复。两侧交替进行，重复规定的次数。

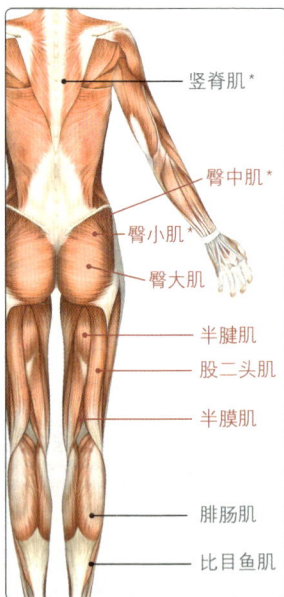

侧向跳

**呼吸**

内收时呼气,
恢复时吸气

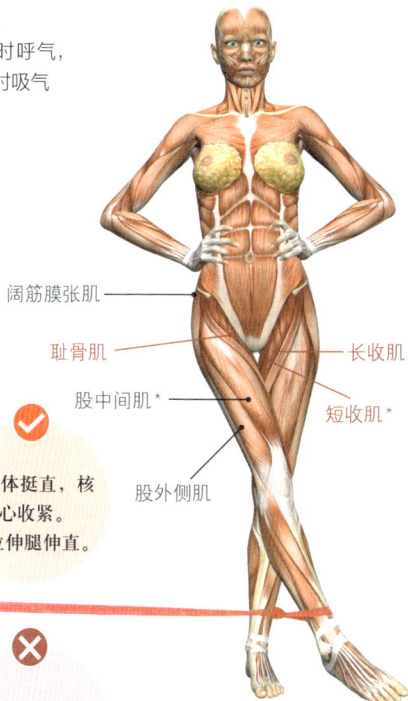

弹力带－髋内收

阔筋膜张肌

耻骨肌

股中间肌*

长收肌

短收肌*

股外侧肌

✓
- 身体挺直,核心收紧。
- 拉伸腿伸直。

✗
- 身体重心不稳。
- 膝关节弯曲。

(!) 若髋关节产生剧烈疼痛,则不建议进行此项训练。

**起始**

身体呈站姿,双手扶腰。一侧腿站立以支撑身体,对侧腿伸直外展,脚尖点地,并将弹力带一端固定在该腿的脚踝位置,另一端固定在外侧同等高度的物体上,保持弹力带绷直。

**过程**

保持身体稳定,缠绕弹力带的腿向内拉伸弹力带至支撑腿外侧。恢复起始姿势,完成规定的次数。换另一侧重复上述步骤。

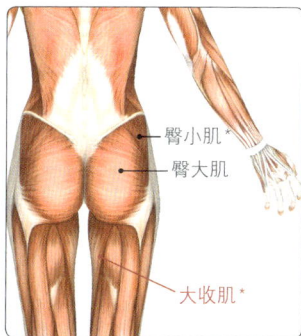

臀小肌

臀大肌

大收肌*

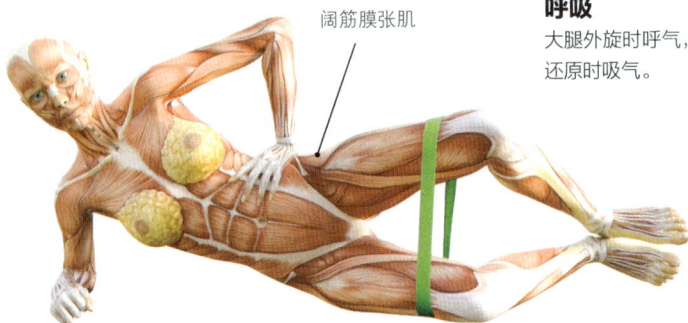

阔筋膜张肌

**呼吸**
大腿外旋时呼气，
还原时吸气。

迷你带—蚌式开合

> (!) 若膝盖、髋部存在不适，则
> 不建议进行此项训练。

✓
- 核心收紧。
- 背部平直。

✗
- 选择弹力不合
  适的迷你带。

**起始**

身体呈侧卧姿势，一侧手臂屈肘支撑，
上身抬起，双腿屈曲并拢。迷你带套在
双腿大腿上靠近膝关节的位置。

**过程**

核心收紧，保持双脚接触，上方腿外旋
向上打开。恢复至起始姿势，重复规定
次数后，换至对侧重复以上步骤。

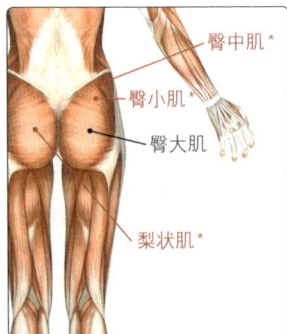

臀中肌*
臀小肌*
臀大肌
梨状肌*

臀中肌
臀大肌
竖脊肌*
股外侧肌

**呼吸**
全程均匀呼吸

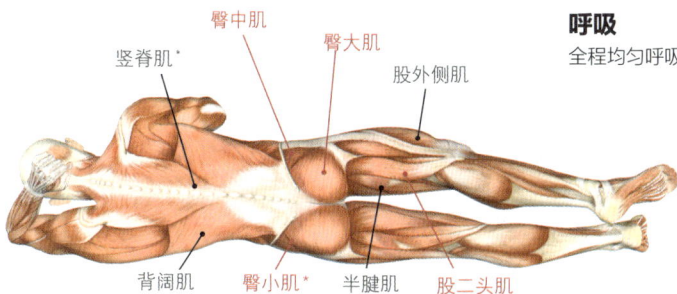

背阔肌
臀小肌*
半腱肌
股二头肌

**侧卧-直膝向后画圆**

当腿部疼痛、髋关节疼痛、腰部有问题时，谨慎练习。

**起始**

侧卧于垫上，头枕一侧前臂，另一侧手撑于胸前垫上，双腿伸直，与躯干呈一条直线。

**过程**

保持下侧腿伸直，上侧腿抬起向后画圆。完成规定次数，换对侧重复。

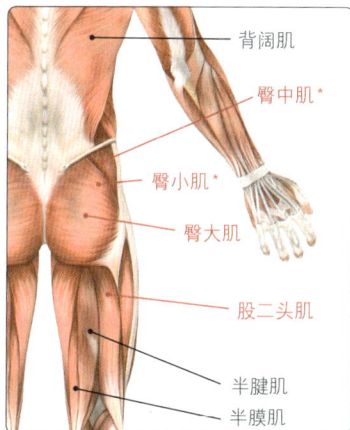

- 臀部收紧。
- 双腿始终伸直。

- 背部弓起。

背阔肌
臀中肌*
臀小肌*
臀大肌
股二头肌
半腱肌
半膜肌

**呼吸**

全程均匀呼吸

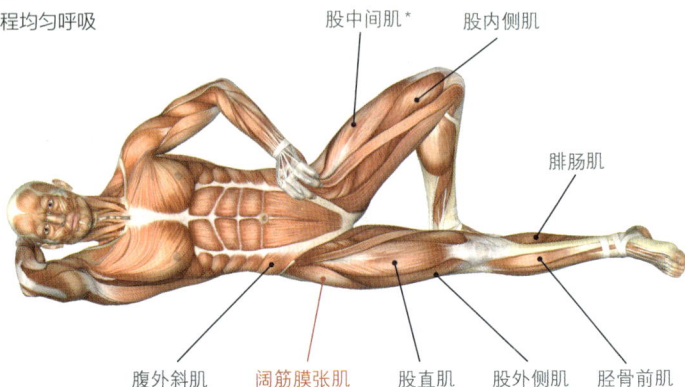

侧卧-屈膝外旋

股中间肌*

股内侧肌

腓肠肌

腹外斜肌　阔筋膜张肌　股直肌　股外侧肌　胫骨前肌

✓
• 臀部收紧。
• 下侧腿始终伸直。

✗
• 髋部外展时身体离开地面。

!
若髋关节产生剧烈疼痛，则不建议进行此项训练。

**起始**

靠近地面的腿伸直，对侧腿屈髋屈膝，脚踩在下方腿膝关节后侧，头枕一侧手前臂，对侧手叉腰。

**过程**

维持身体稳定的同时，屈曲的腿外旋至最高点。恢复至起始姿势，重复规定的次数。换另一侧重复上述步骤。

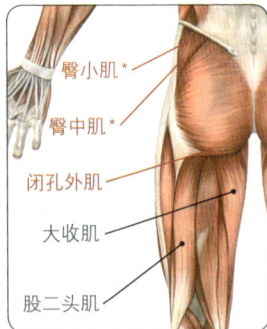

臀小肌*

臀中肌*

闭孔外肌

大收肌

股二头肌

**呼吸**

全程均匀呼吸

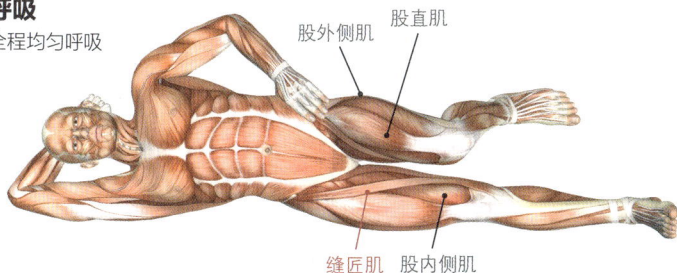

股外侧肌　股直肌

缝匠肌　股内侧肌

(!) 当腿部疼痛、髋关节疼痛、腰部有问题时，谨慎练习。

**起始**

侧卧于垫上，头枕一侧前臂，对侧手叉腰，躯干挺直，下侧腿伸直，上侧腿屈膝屈髋。

**过程**

上侧腿保持屈曲并外旋至最大限度，随后缓慢内旋至膝盖接近地面。完成规定次数，换对侧重复。

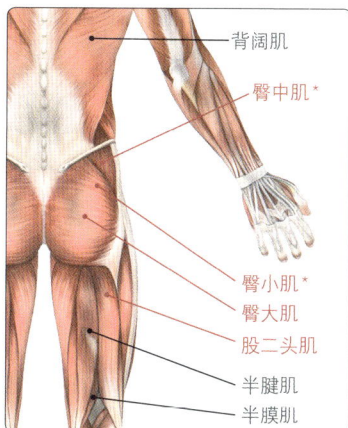

背阔肌

臀中肌*

臀小肌*
臀大肌
股二头肌
半腱肌
半膜肌

✓
• 臀部收紧。
• 下侧腿始终伸直。

✗
• 背部弓起。

45

俯卧－屈髋屈膝外旋

**呼吸**

大腿外旋时呼气，
还原时吸气。

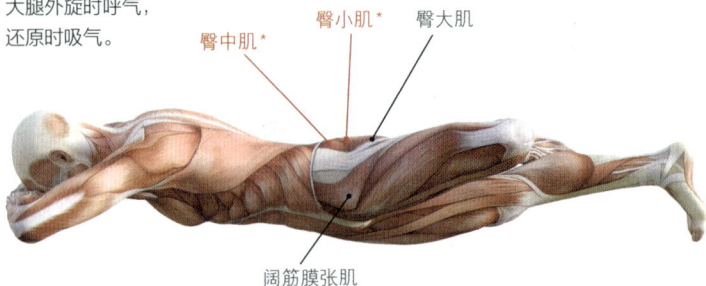

臀中肌*　　臀小肌*　臀大肌

阔筋膜张肌

(!) 若膝盖、髋部存在不适，
则不建议进行此项训练。

✓
• 核心收紧。
• 腰背挺直。

✗
• 骨盆与大腿一
起移动。

**起始**

俯卧于垫子上，双臂枕于头下方，双腿
伸直，身体呈一条直线。一侧腿屈膝外
展后外旋，使脚搭在对侧腿的膝关节处，
膝盖指向外侧。

**过程**

臀肌发力，屈膝腿缓慢外旋至最大幅度。
回到起始姿势，完成规定的次数。换至
对侧重复以上步骤。

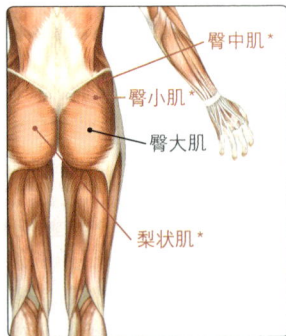

臀中肌*
臀小肌*
臀大肌
梨状肌*

46

# 第 3 章

# 臀肌进阶训练

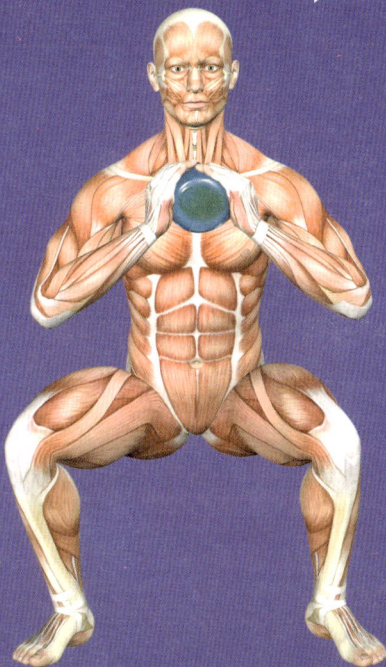

**弹力带—臀桥**

**呼吸**
臀部上顶时呼气，恢复时吸气

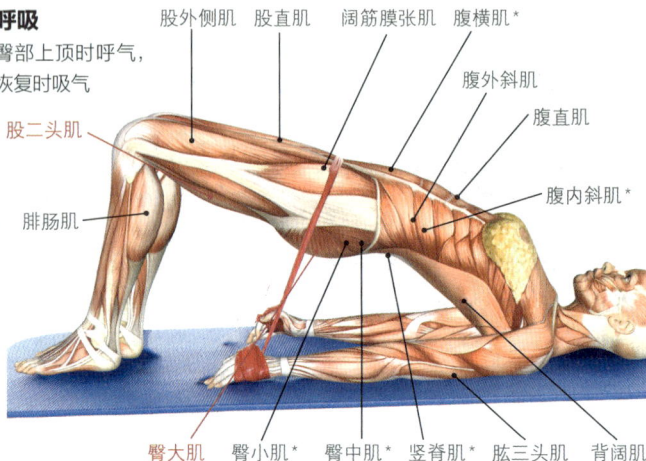

股外侧肌　股直肌　阔筋膜张肌　腹横肌*

腹外斜肌

腹直肌

股二头肌

腹内斜肌*

腓肠肌

臀大肌　臀小肌*　臀中肌*　竖脊肌*　肱三头肌　背阔肌

(!) 若腘绳肌或下背部存在不适，则不建议进行此项训练。

✓
• 躯干与大腿呈一条直线。
• 核心收紧。

✗
• 脚跟抬起。
• 背部弓起。

臀大肌

股外侧肌

半腱肌

股二头肌

半膜肌

腓肠肌

**起始**

身体呈仰卧姿，双腿屈膝约 90 度，双脚间距略宽于肩，全脚掌撑地。双臂伸直置于身体两侧。双手分别握紧弹力带两端，使弹力带绕过髋关节，保持弹力带绷直。

**过程**

臀肌发力，向上顶髋，使髋关节充分伸展，至躯干与大腿呈一条直线，保持 1~2 秒，体会臀肌的发力。回到起始姿势，完成规定的次数。

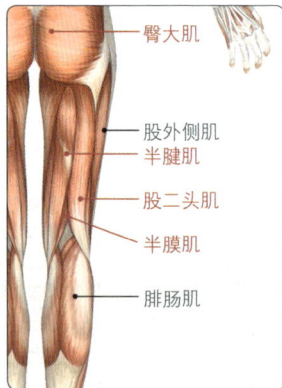

**呼吸**
向上挺髋时呼气，
身体向下时吸气。

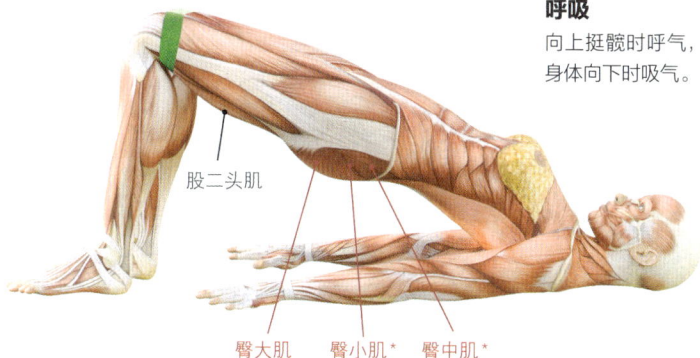

股二头肌

臀大肌　　臀小肌*　　臀中肌*

（!）若膝盖、髋部存在不适，则不建议进行此项训练。

✅
• 核心保持收紧。
• 背部平直。
• 迷你带始终保持张力。

❌
• 背部过度前伸。

竖脊肌*

臀中肌*

臀小肌*

臀大肌

半腱肌
股外侧肌
股二头肌
半膜肌

迷你带—臀桥

### 起始

身体呈仰卧姿，双腿屈膝约 90 度，双脚间距略宽于肩，全脚掌撑地。膝盖上方套一个迷你带，双膝始终保持与双脚同宽。

### 过程

臀肌发力，向上顶髋，使髋关节充分伸展，至躯干与大腿呈一条直线，保持 1~2 秒，体会臀肌发力。回到起始姿势，完成规定的次数。

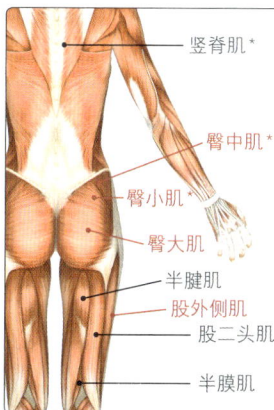

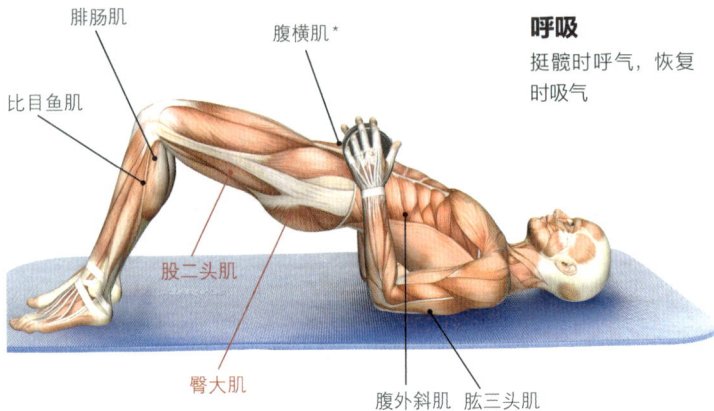

腓肠肌

比目鱼肌

腹横肌 *

**呼吸**
挺髋时呼气，恢复
时吸气

股二头肌

臀大肌

腹外斜肌　肱三头肌

哑铃－臀桥

若下背部出现疼痛，则不
建议进行此项训练

・髋部伸展时膝、
　髋和肩呈一条直线

・背部拱起
・髋部下沉
・颈部压力过大

**起始**

仰卧在瑜伽垫上，双手抱哑铃置于髋
关节上，双腿屈膝约 90 度，双脚间
距略宽于肩，全脚掌着地。

**过程**

臀肌发力，向上顶髋，使髋关节充分
伸展，至躯干与大腿呈一条直线，保
持 1～2 秒，体会臀肌的发力。回到起
始姿势，完成规定的次数。

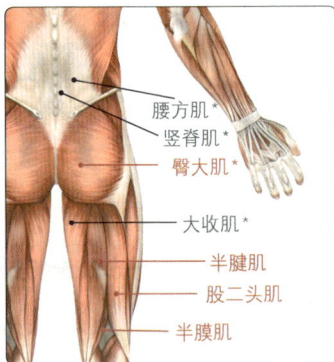

腰方肌 *
竖脊肌 *
臀大肌 *
大收肌 *
半腱肌
股二头肌
半膜肌

**呼吸**
全程均匀呼吸

✓
- 保持核心收紧。
- 背部挺直。
- 臀部肌肉收紧。

✗
- 膝关节弯曲。
- 髋部下塌。
- 颈部压力过大。

( ! ) 若出现颈部疼痛，则不建议进行此项训练。

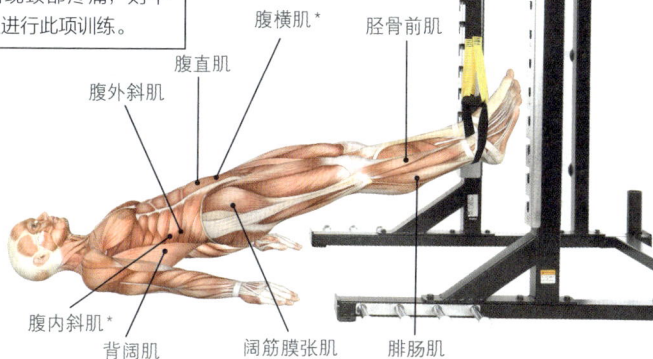

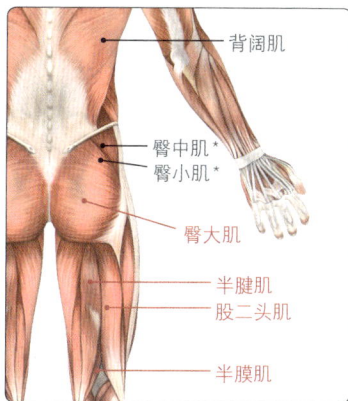

腹横肌*
胫骨前肌
腹直肌
腹外斜肌
腹内斜肌*
背阔肌
阔筋膜张肌
腓肠肌

**悬吊—臀桥**

背阔肌
臀中肌*
臀小肌*
臀大肌
半腱肌
股二头肌
半膜肌

**起始**

仰卧位，双腿伸直，双脚放在悬挂训练器把手上，双腿与地面呈 30 度角，双臂放在身体两侧。

**过程**

保持臀部收紧，向上顶髋至躯干与双腿呈一条直线，保持姿势 1~2 秒。恢复至起始姿势，完成规定的次数。

## 呼吸

发力时吐气，还
原时吸气。

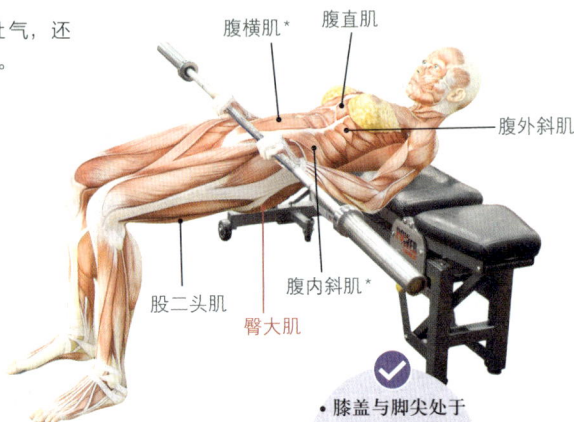

腹横肌 *

腹直肌

腹外斜肌

股二头肌

腹内斜肌 *

臀大肌

若膝盖、髋部存在不适，
则不建议进行此项训练。

• 膝盖与脚尖处于
  同一直线。
• 小腿垂直于地面。
• 臀部不碰触
  地面。

• 过度顶腰。
• 颈部屈曲。
• 髋伸不足。
• 脚跟抬起。

杠铃—臀冲

### 起始

杠铃放在骨盆正上方，双手抓握住杠铃。后
背肩胛骨下缘靠在训练椅上，双脚位于臀部
抬起时小腿与地面垂直的位置，双脚分开与
肩同宽，双手自然放置于腹部下方，臀部悬空。

### 过程

臀肌发力向上顶起髋部，至大腿与身体呈一
条直线。保持 1~2 秒，回到起始姿势。重复
上述步骤至规定的次数。

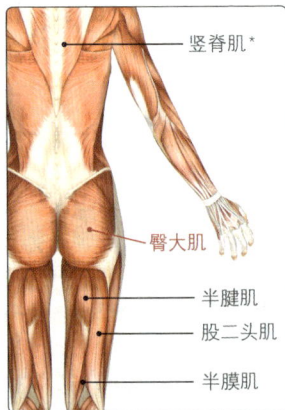

竖脊肌 *

臀大肌

半腱肌

股二头肌

半膜肌

**呼吸**

向上挺髋时呼气，
身体向下时吸气。

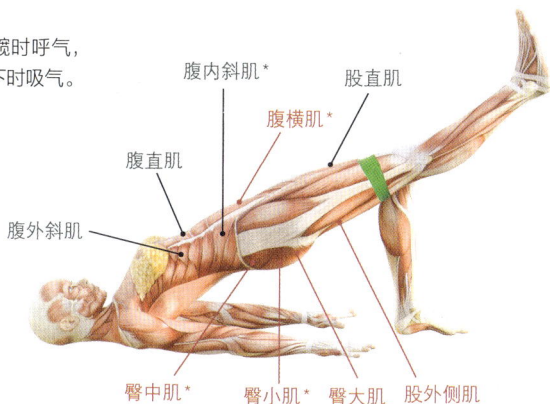

腹内斜肌 *

股直肌

腹横肌 *

腹直肌

腹外斜肌

臀中肌 *　臀小肌 *　臀大肌　股外侧肌

**迷你带—臀桥—单腿**

✓
• 核心保持收紧。
• 迷你带始终保持
　张力。

✗
• 背部过度前伸。
• 抬起腿一侧骨盆
　下坠。

! 若膝盖、髋部存在不适，
则不建议进行此项训练。

竖脊肌 *

臀中肌 *

臀小肌 *

臀大肌

半腱肌

股外侧肌

股二头肌

半膜肌

**起始**

身体呈仰卧姿，双腿屈膝约 90 度、双脚间
距略宽于肩，全脚掌撑地。双膝上方套一个
迷你带，一侧腿伸直抬起。

**过程**

臀肌发力，向上顶髋，使髋关节充分伸展，
至躯干与大腿呈一条直线，保持 1~2 秒，体
会臀肌的发力，臀肌应有酸胀的感觉。回到
起始姿势，完成规定的次数。

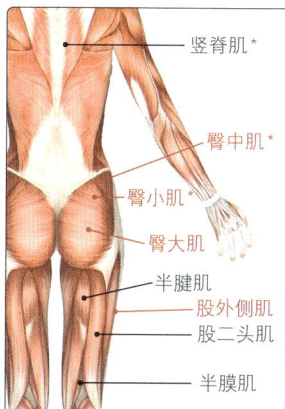

**哑铃－瑞士球－仰卧－臀桥稳定旋转**

**呼吸**
臀部上顶时呼气，恢复时吸气

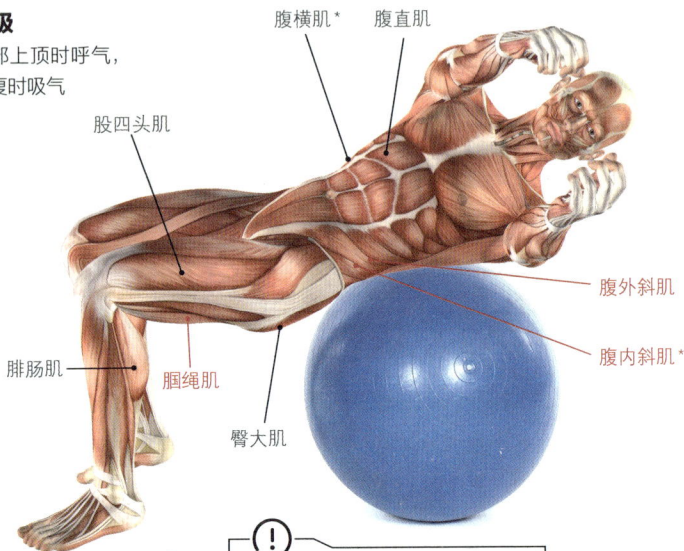

腹横肌*　腹直肌

股四头肌

腓肠肌

腘绳肌

臀大肌

腹外斜肌

腹内斜肌*

若腘绳肌或下背部存在不适，则不建议进行此项训练。

• 躯干与大腿呈一条直线。
• 核心收紧。

• 背部弓起。

**起始**

上背部躺在瑞士球上，双腿屈膝约 90°，双脚稳固地踩在地面上，使大腿、躯干和头在一条直线上，双手握哑铃，垂直向上举于胸部正上方。

**过程**

双臂保持不动，臀部收紧，躯干缓慢向一侧旋转至身体侧面与球接触，停留 1 秒，再回到起始动作，换对侧重复。左右交替，重复以上步骤至规定次数。

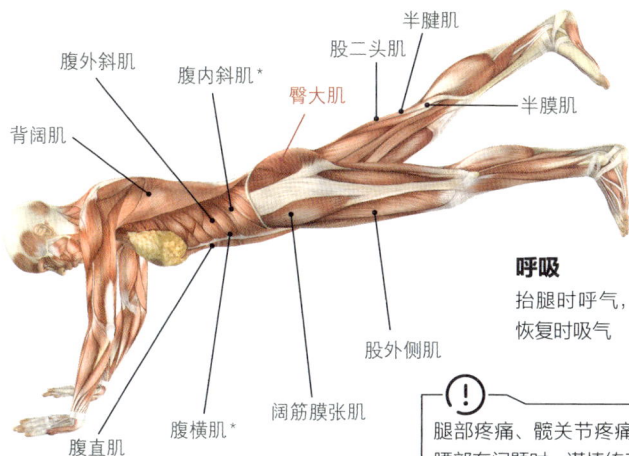

腹外斜肌
腹内斜肌*
半腱肌
股二头肌
臀大肌
半膜肌
背阔肌
股外侧肌
腹横肌*
阔筋膜张肌
腹直肌

**呼吸**
抬腿时呼气，
恢复时吸气

( ! ) 腿部疼痛、髋关节疼痛、
腰部有问题时，谨慎练习。

 ▶

✔
• 核心收紧，保
持背部平直。
• 双手位于肩部
正下方。

✖
• 背部弓起。

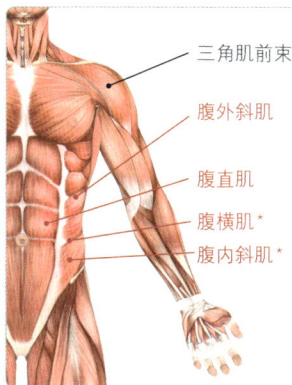

三角肌前束
腹外斜肌
腹直肌
腹横肌*
腹内斜肌*

**起始**

双手撑地，俯卧于瑞士球上，腹部和大腿
上部贴球，保持背部平直，两脚离地，躯
干与双腿平行于地面。

**过程**

臀部发力，双膝保持伸直，抬起一侧腿。
抬起腿下落的同时，换对侧腿抬起。两侧
交替，完成规定次数后，回到起始位置。

! 腿部疼痛、髋关节疼痛、腰部有问题时，谨慎练习。

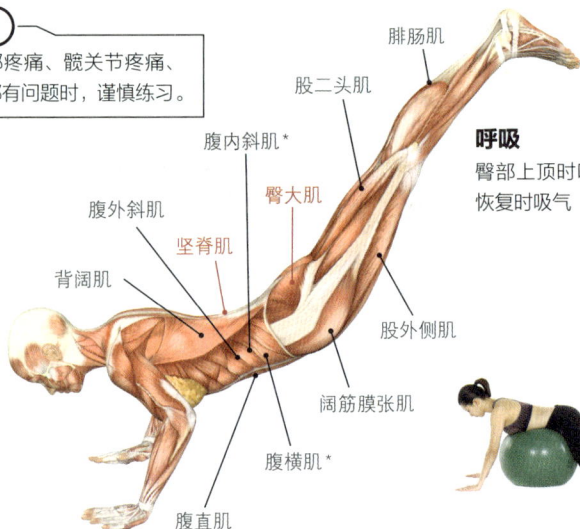

腓肠肌

股二头肌

腹内斜肌 *

腹外斜肌

臀大肌

竖脊肌

背阔肌

股外侧肌

阔筋膜张肌

腹横肌 *

腹直肌

**呼吸**
臀部上顶时呼气，恢复时吸气

- 核心收紧，保持背部平直。
- 双腿并拢并伸直。

- 背部弓起。

背阔肌

竖脊肌 *

臀大肌

股二头肌

半腱肌

半膜肌

## 起始

双手撑地，屈髋屈膝俯卧于瑞士球上，腹部与大腿前侧与球面接触，双腿并拢，脚尖撑地。核心、臀部收紧。

## 过程

双脚蹬地，身体前移。屈肘，臀部肌肉、竖脊肌收缩，使双腿伸直抬起至最高高度。回到起始位置，完成规定次数。

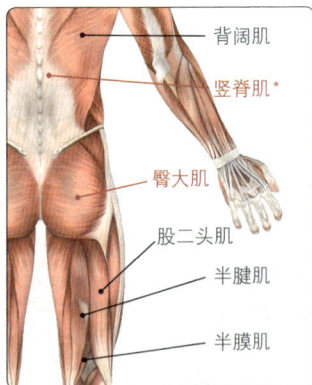

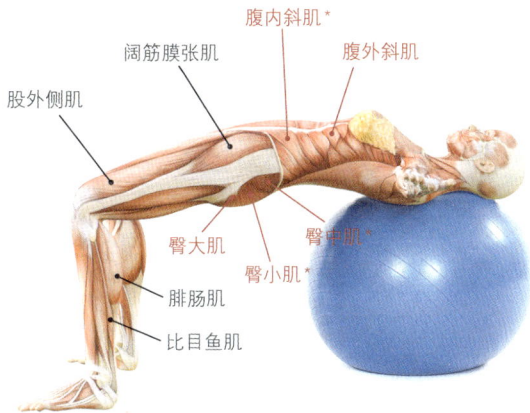

腹内斜肌*

阔筋膜张肌

腹外斜肌

股外侧肌

臀大肌

臀中肌*

臀小肌*

腓肠肌

比目鱼肌

瑞士球－仰卧－臀冲－动态

**呼吸**

身体下降时吸气，
上升时呼气。

(!) 膝盖、髋部存在不适，则
不建议进行此项训练。

**起始**

仰卧于瑞士球上，双脚位于臀部抬
起时小腿与地面垂直的位置，双脚
分开与肩同宽，双臂侧平举，臀部
悬空。

**过程**

臀部与腿部发力，伸展髋关节，抬
起臀部，至躯干、大腿与地面平行。
回到起始姿势，重复规定次数。

• 背部平直。

• 核心肌群没有
保持收紧，身体
大幅晃动。

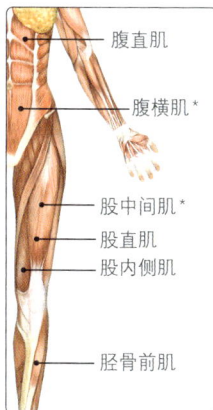

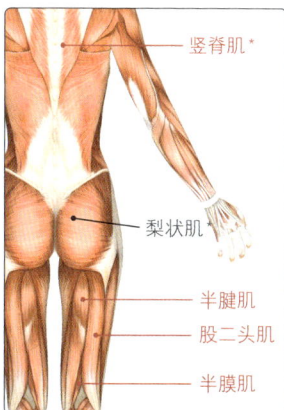

腹直肌

腹横肌*

股中间肌*

股直肌

股内侧肌

胫骨前肌

竖脊肌*

梨状肌*

半腱肌

股二头肌

半膜肌

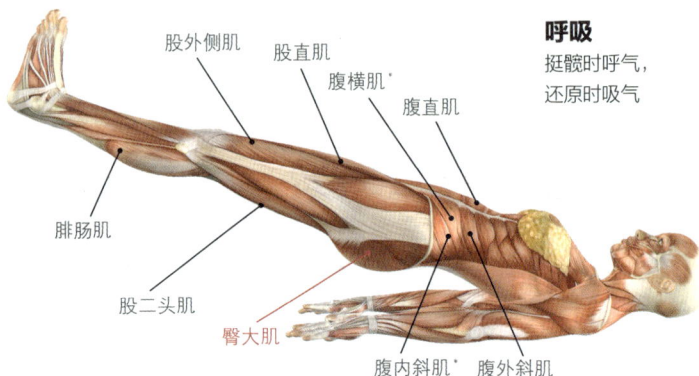

股外侧肌

股直肌

腹横肌*

腹直肌

腓肠肌

股二头肌

臀大肌

腹内斜肌*　腹外斜肌

**呼吸**

挺髋时呼气，
还原时吸气

## 瑞士球—仰卧—直腿挺髋

(!) 当腿部疼痛、髋关节疼痛、腰部有问题时，谨慎练习。

**起始**

仰卧于垫上，双手放于身体两侧，双腿伸直，脚尖勾起，脚跟放在瑞士球上。

**过程**

臀部收缩，髋部抬起，直至肩部、躯干、双腿呈一条直线，保持姿势3～5秒。回到起始姿势，完成规定次数。

✓
• 臀部收紧。
• 双腿始终伸直。

✗
• 背部弓起。

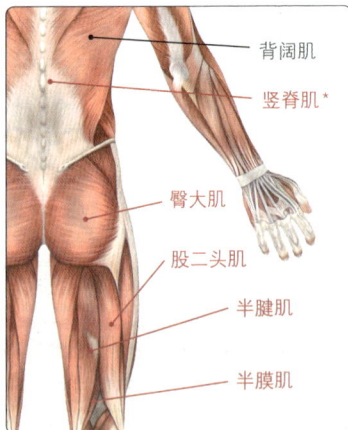

背阔肌

竖脊肌*

臀大肌

股二头肌

半腱肌

半膜肌

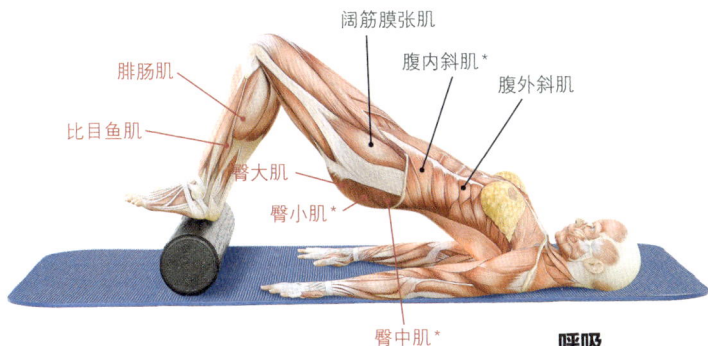

阔筋膜张肌

腹内斜肌*

腹外斜肌

腓肠肌

比目鱼肌

臀大肌

臀小肌*

臀中肌*

**呼吸**
发力时呼气，
还原时吸气。

泡沫轴–仰卧–臀桥

若膝盖、髋部存在不适，则不建议进行此项训练。

✓
• 双脚踩稳，稳定后再抬起臀部。
• 保持均匀呼吸。

✗
• 核心肌群没有保持收紧，身体大幅晃动。

**起始**

仰卧，双臂伸直于放体侧，屈髋屈膝，双脚脚跟踩于泡沫轴上。

**过程**

臀肌发力，向上顶髋，使髋关节充分伸展，至躯干与大腿呈一条直线，保持 1~2 秒，体会臀肌的发力。回到起始姿势，完成规定的次数。

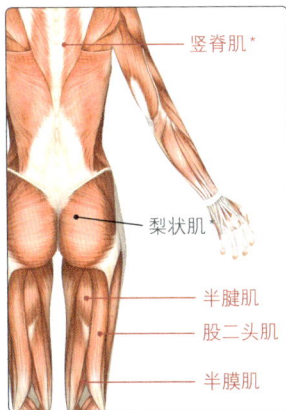

竖脊肌*

梨状肌

半腱肌

股二头肌

半膜肌

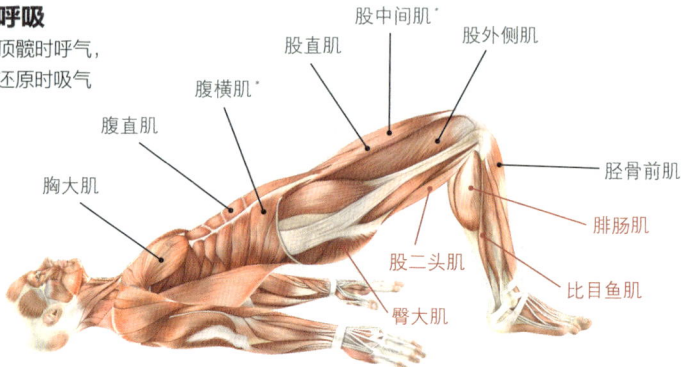

**呼吸**

顶髋时呼气，
还原时吸气

股中间肌*

股直肌

股外侧肌

腹横肌*

腹直肌

胸大肌

胫骨前肌

腓肠肌

股二头肌

比目鱼肌

臀大肌

**滑贴－臀桥**

当肘关节疼痛、肩部有问题时，
谨慎练习。

**起始**

身体呈仰卧姿，双腿微屈，双脚间
距略宽于肩，脚跟置于滑贴上，双
臂伸直放于身体两侧，掌心向下。

**过程**

屈曲膝关节，使脚跟向身体方向移
动，臀肌及腿后群肌肉发力。同时，
向上顶髋，使大腿与躯干呈一条直
线，大腿与小腿垂直。停留片刻，
回到起始姿势。完成规定次数。

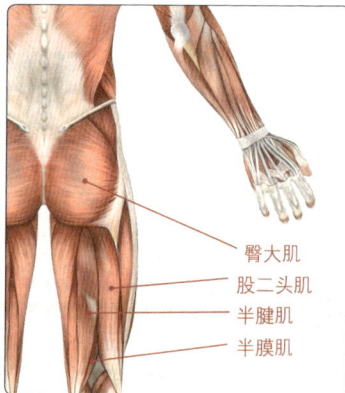

臀大肌

股二头肌

半腱肌

半膜肌

• 臀部收紧。

• 背部弓起。

背阔肌

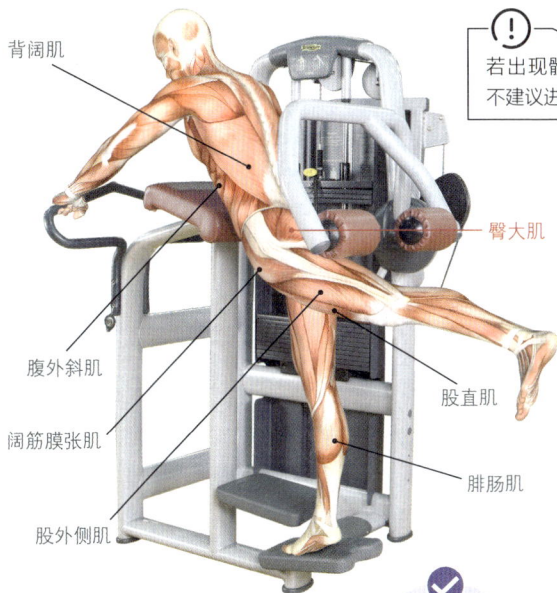

!
若出现髋关节疼痛，则
不建议进行此项训练。

**呼吸**
腿后伸时呼气，
还原时吸气

臀大肌

腹外斜肌

股直肌

阔筋膜张肌

股外侧肌

腓肠肌

✓
• 保持背部挺直。
• 臀部肌肉收紧。
• 髋关节固定。

✗
• 上身弯曲。
• 支撑腿移动。

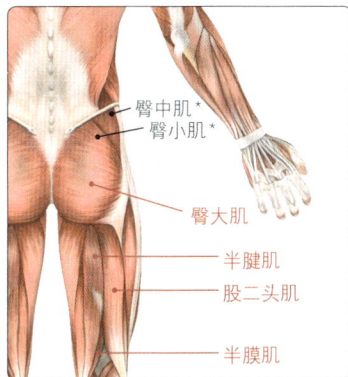

**起始**

站于训练器上，一侧腿支撑于踏板，
另一侧腿的大腿膝关节后侧紧贴横
垫，双手握住前方把手。

**过程**

身体其他部位固定，非支撑腿向后
压器械，后伸至与躯干在一条直线
上。恢复至起始姿势，完成规定的
次数。换另一侧重复上述步骤。

臀中肌 *
臀小肌 *
臀大肌
半腱肌
股二头肌
半膜肌

61

## 绳索－伸髋

**呼吸**
大腿后伸时呼气，
还原时吸气

臀大肌

! 若出现髋关节疼痛，则不建议进行此项训练。

股外侧肌

腓肠肌

股直肌　阔筋膜张肌

腹直肌

✔
- 背部保持挺直。
- 支撑腿保持稳定。

✘
- 背部弯曲。
- 支撑腿移动位置。

**起始**

单腿半蹲位支撑于地面，躯干挺直且略向前俯身，双手扶于器械。另一侧腿屈膝屈髋约 90 度，阻力绳固定于脚跟处。

**过程**

身体保持稳定，非支撑腿伸膝伸髋向后伸展至大腿与躯干尽可能在一条直线上。稍作停顿，回到起始姿势，重复动作，完成规定的次数。换另一侧重复上述步骤。

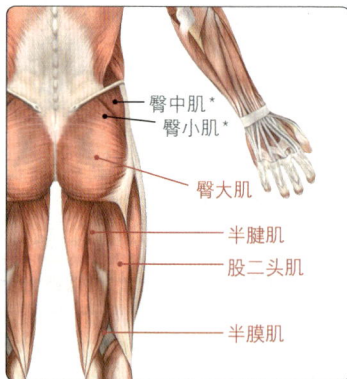

臀中肌*
臀小肌*

臀大肌

半腱肌

股二头肌

半膜肌

**呼吸**

蹬腿时呼气，
还原时吸气

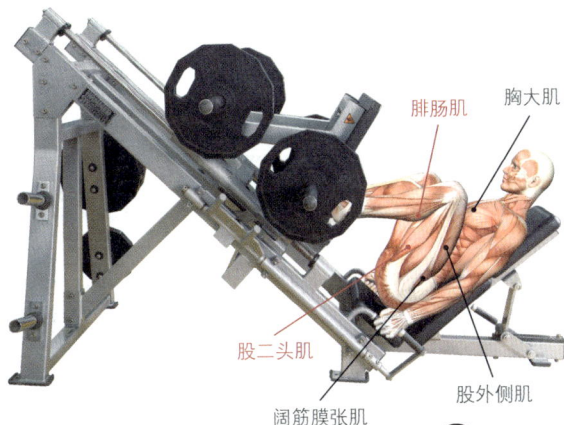

腓肠肌

胸大肌

股二头肌

股外侧肌

阔筋膜张肌

器械—倒蹬

- 膝关节和脚尖
  方向一致向上。
- 膝关节不能全
  伸直。

- 膝关节外展。
- 膝关节压力过大。

若出现膝关节疼痛，则
不建议进行此项训练。

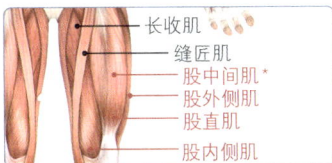

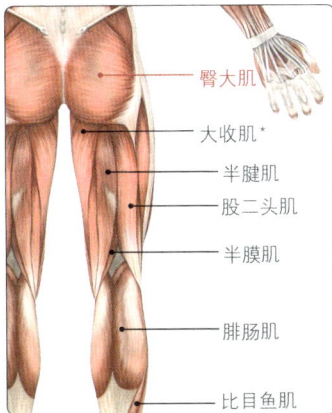

长收肌
缝匠肌
股中间肌 *
股外侧肌
股直肌
股内侧肌

臀大肌

大收肌 *
半腱肌
股二头肌
半膜肌

腓肠肌

比目鱼肌

**起始**

坐于倒蹬机上，后背紧贴靠垫，双
手抓握两侧制动杆，双脚全脚掌踩
在踏板上侧边缘，脚尖朝前。

**过程**

打开制动杆，屈膝屈髋，杠铃向下。
伸髋伸膝至最大限度，注意避免膝
关节完全伸直。恢复至起始姿势，
完成规定的次数。

63

**呼吸**

下蹲时吸气，
恢复时呼气。

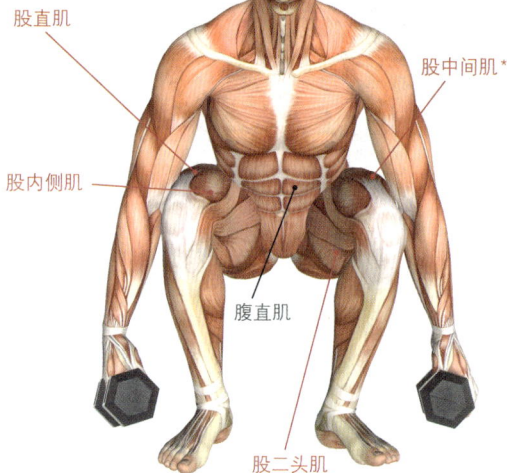

股直肌

股中间肌*

股内侧肌

腹直肌

股二头肌

哑铃—深蹲

**起始**

站立，双脚分开，与肩同宽，双手握哑铃自然垂于身体两侧。

**过程**

保持上身挺直，双腿屈膝下蹲至大腿与地面平行。臀肌发力站起，恢复起始姿势，完成规定次数。

✅
• 躯干保持挺直。
• 膝盖和脚尖方向一致。

❌
• 膝关节外扩。
• 肩部上耸。

!
若出现膝关节疼痛，则不建议进行此项训练。

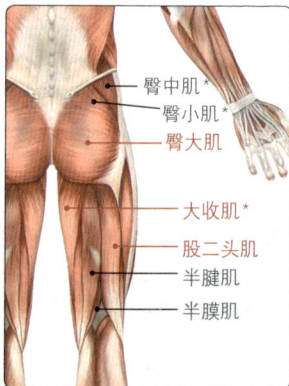

臀中肌*
臀小肌*
臀大肌
大收肌*
股二头肌
半腱肌
半膜肌

64

**呼吸**
全程均匀呼吸

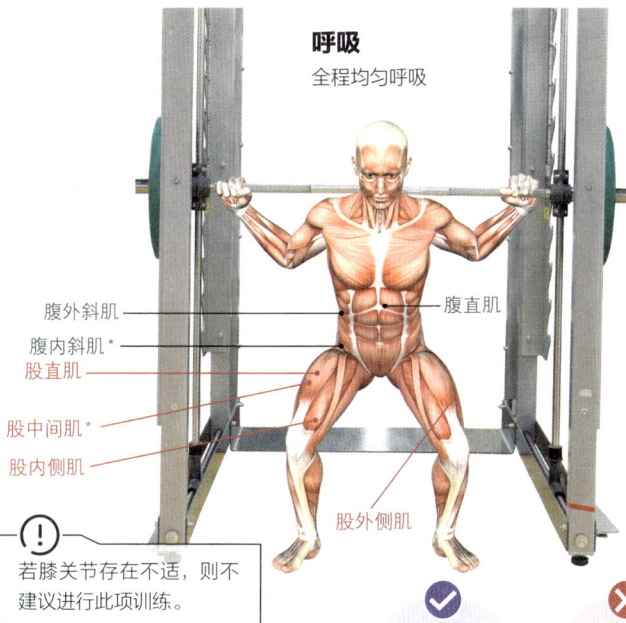

腹外斜肌

腹内斜肌 *

股直肌

股中间肌 *

股内侧肌

腹直肌

股外侧肌

杠铃－深蹲

(!) 若膝关节存在不适，则不建议进行此项训练。

✓ • 身体向下深蹲至大腿与地面平行。

✗ • 膝盖过度前伸，超过脚尖。

● ● ●

**起始**

双脚开立，略比肩宽，杠铃落于肩上，双手正握杠铃。

**过程**

核心收紧，臀部后坐，下蹲至大腿与地面平行，稍作停顿。恢复起始姿势，完成规定的次数。

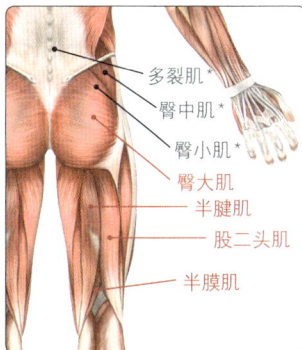

多裂肌 *

臀中肌 *

臀小肌 *

臀大肌

半腱肌

股二头肌

半膜肌

65

**壶铃—深蹲**

! 若髋部存在不适，则不建议进行此项训练。

**呼吸**
下蹲时吸气，站起时呼气

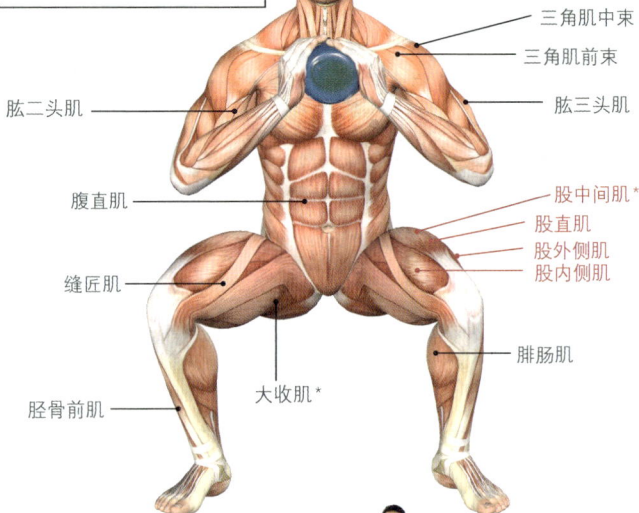

三角肌中束
三角肌前束

肱二头肌

肱三头肌

腹直肌

股中间肌*
股直肌
股外侧肌
股内侧肌

缝匠肌

腓肠肌

胫骨前肌

大收肌*

✓ • 下蹲至大腿与地面平行，躯干与胫骨平行。

✗ • 膝关节过度前伸，超过脚尖。

三角肌后束
冈上肌*
背阔肌

臀中肌*
臀小肌*
臀大肌

半腱肌
股二头肌

半膜肌

**起始**
双手握壶铃置于胸前，铃底朝前。站立，双脚分开，略比肩宽。

**过程**
保持背部挺直，双腿屈膝，向下深蹲。恢复起始姿势，完成规定的次数。

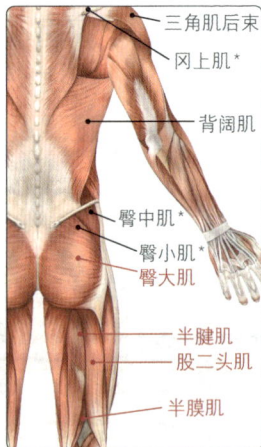

肱二头肌

腹外斜肌

腹内斜肌 *

股外侧肌

股中间肌 *

股直肌

股内侧肌

缝匠肌

胫骨前肌

腹横肌 *

**杠铃-前蹲**

(!) 若手腕、膝盖、髋部、踝部存在
不适,则不建议进行此项训练。

**呼吸**

站起时呼

下蹲时吸气。

✓
• 保持背部直立。
• 核心收紧。
• 双肘前顶。

✗
• 背部弯曲。
• 膝盖内扣或
外展。

竖脊肌 *

肱三头肌

臀中肌 *

臀小肌 *

臀大肌

半腱肌

股二头肌

半膜肌

腓肠肌

比目鱼肌

**起始**

双脚开立,与肩同宽或略宽于肩,脚尖向前。
负重杠铃杆置于肩前部,双手掌心向上,手
肘尽量向前顶出,保持杠铃稳定。

**过程**

躯干挺直,核心收紧,眼睛直视前方。下蹲至
大腿上沿与地面平行,然后下肢发力,伸膝伸
髋,向上站起至起始姿势。重复规定的次数。

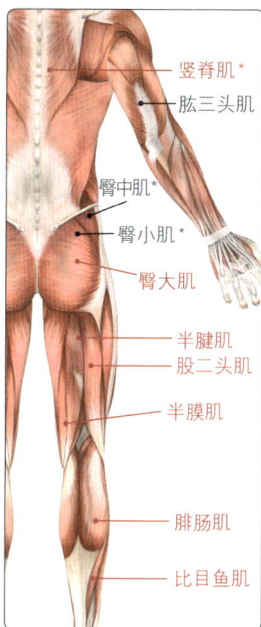

## 呼吸

伸髋伸膝时呼气，还原时吸气

> (!) 若出现膝关节疼痛，则不建议进行此项训练。

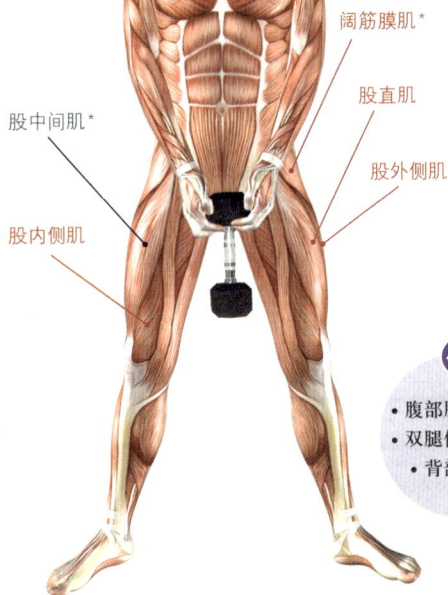

哑铃-相扑深蹲

阔筋膜肌*

股直肌

股中间肌*

股外侧肌

股内侧肌

✓
- 腹部肌群收紧。
- 双腿保持稳定。
- 背部挺直。

✗
- 背部弯曲。
- 膝关节内扣。
- 上身前倾。

臀中肌*
臀小肌*
臀大肌
大收肌*
半腱肌
股二头肌
半膜肌

### 起始

身体呈深蹲姿，双脚分开略比肩宽，脚尖略向外，双手托哑铃垂于身前。

### 过程

臀肌发力，伸髋伸膝站起，呈直立姿势，回到起始姿势，完成规定次数。

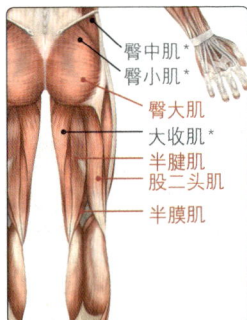

肱三头肌

腹直肌

背阔肌

腹外斜肌

腹横肌 *

腹内斜肌 *

缝匠肌

股中间肌 *

股直肌

股外侧肌

股内侧肌

胫骨前肌

### 起始

双脚分开，略比肩宽，脚尖与膝盖方向一致，双手紧握壶铃把手，缓慢屈髋屈膝下蹲至大腿与地面接近平行，同时躯干向前倾斜，保持壶铃底部接触地面。

### 过程

下肢充分蹬地伸髋伸膝，身体向上站起，同时双肘向后拉，使壶铃向上翻转至头部侧面，此时壶铃底部朝上。继续向上推举壶铃超过头顶至手臂完全展开。恢复至起始姿势，重复进行规定的次数。

( ! )

若手腕、膝盖、髋部、踝部存在不适，则不建议进行此项训练。

**壶铃 – 翻转上推**

### 呼吸

下蹲准备时吸一口气，微微憋气，完成蹬伸、提拉、上举动作后，转为正常呼吸

三角肌

竖脊肌 *

臀中肌 *

臀小肌 *

臀大肌

半腱肌

股二头肌

半膜肌

腓肠肌

比目鱼肌

肱二头肌

- 腰背挺直。
- 核心收紧。

- 壶铃路径偏离。
- 手腕弯曲。

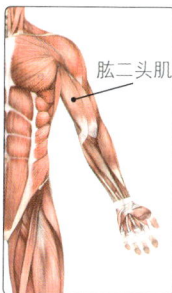

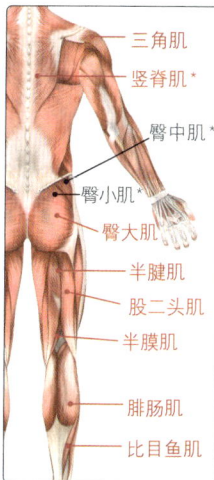

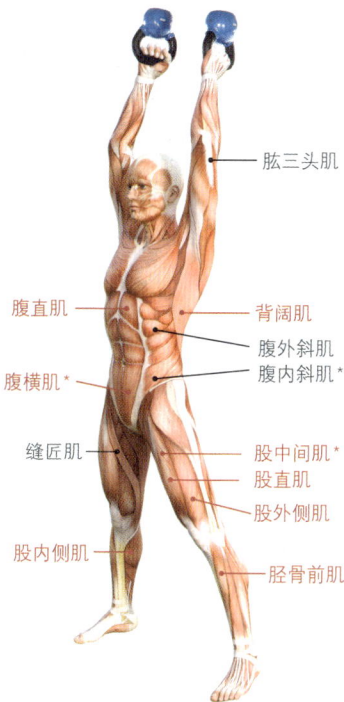

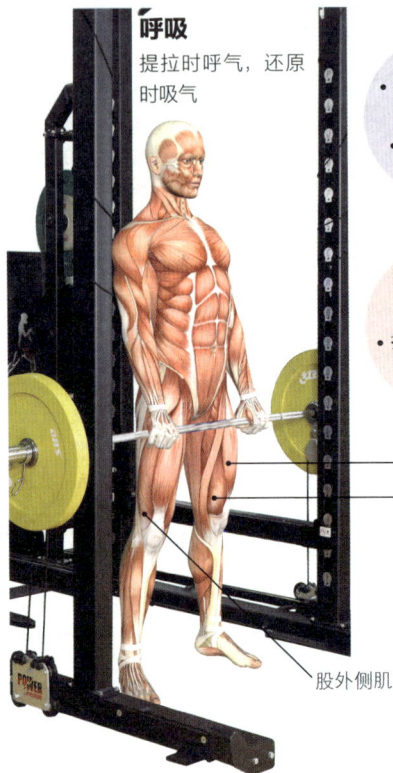

**杠铃－硬拉**

**呼吸**
提拉时呼气，还原时吸气

- 躯干收紧且保持挺直。
- 肩关节保持放松。

- 背部弯曲。
- 提拉速度过快。

股直肌
股内侧肌

股外侧肌

! 若出现肩关节疼痛，则不建议进行此项训练。

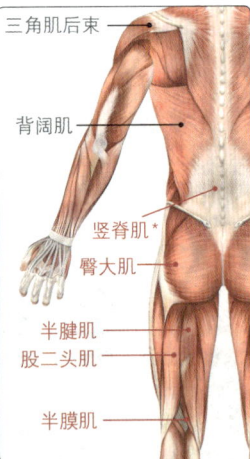

三角肌后束
背阔肌
竖脊肌*
臀大肌
半腱肌
股二头肌
半膜肌

**起始**

双脚开立，与肩同宽或略宽于肩，脚尖向前。膝关节屈曲，屈髋至双手握杠铃杆于膝关节下方且贴近小腿。

**过程**

伸髋提拉杠铃杆站起至直立位。躯干挺直，核心收紧，眼睛直视前方。完成规定次数。

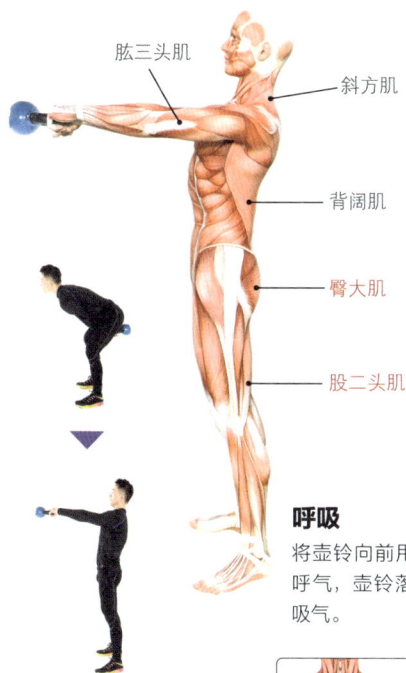

肱三头肌

斜方肌

背阔肌

臀大肌

股二头肌

**呼吸**

将壶铃向前甩摆时
呼气，壶铃落下时
吸气。

✓
- 核心收紧。
- 始终保持双臂
  伸直。

✗
- 背部弯曲。

## 起始

双手持壶铃放于身前，两腿
略宽于肩站立，核心收紧，
腰背挺直。双腿快速屈膝屈
髋下蹲，双手借助惯性，让
壶铃顺势向下、后方摆动，
此时屈髋俯身，腰背挺直。

## 过程

下肢肌群协同发力，快速伸
髋发力，将力量从下肢传递
至手臂，使身体充分伸展，
用蹬地力量的惯性带动壶铃，
向前摆动。回到起始姿势，
完成规定的次数。

⚠ 若出现肩关节疼痛，则不
建议进行此项训练。

壶铃ー甩摆

•••

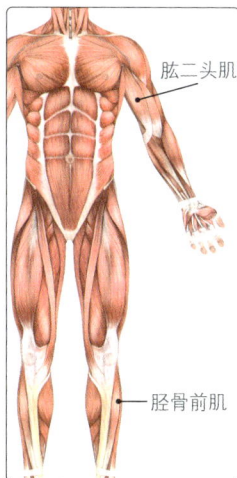

肱二头肌

胫骨前肌

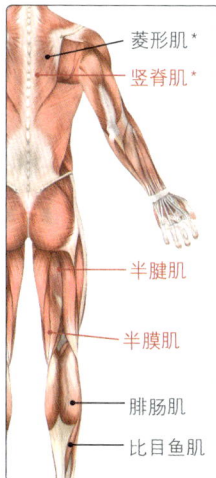

菱形肌 *

竖脊肌 *

半腱肌

半膜肌

腓肠肌

比目鱼肌

**呼吸**

俯身时呼气，
恢复时吸气

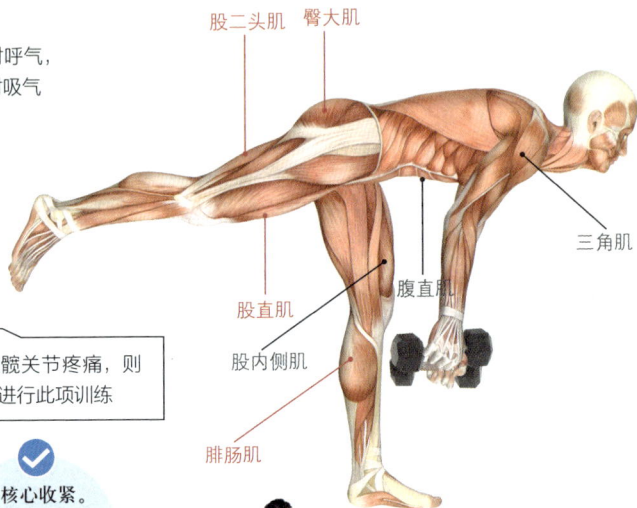

股二头肌　臀大肌

三角肌

股直肌

腹直肌

股内侧肌

腓肠肌

# 哑铃-单腿硬拉

(!) 若出现髋关节疼痛，则
不建议进行此项训练

✓
• 核心收紧。
• 背部挺直。
• 骨盆保持中
立位。

✗
• 支撑腿屈膝。
• 背部拱起。

臀中肌 *
臀小肌 *
臀大肌
半腱肌
股二头肌
半膜肌

**起始**

双手握哑铃，双臂自然下垂于身体
两侧，单脚站立。

**过程**

保持身体稳定，背部挺直，向下俯
身。保持支撑腿稳定，上身前俯至
平行于地面，同时一侧腿向后伸展，
稍作停顿。恢复起始姿势，完成规
定次数。换另一侧重复上述步骤。

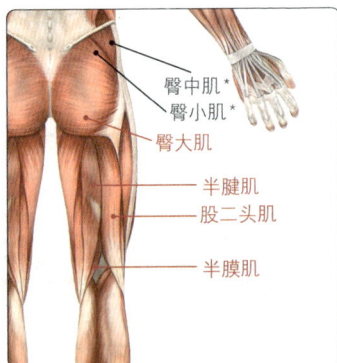

**呼吸**

下蹲时吸气，站起
时呼气

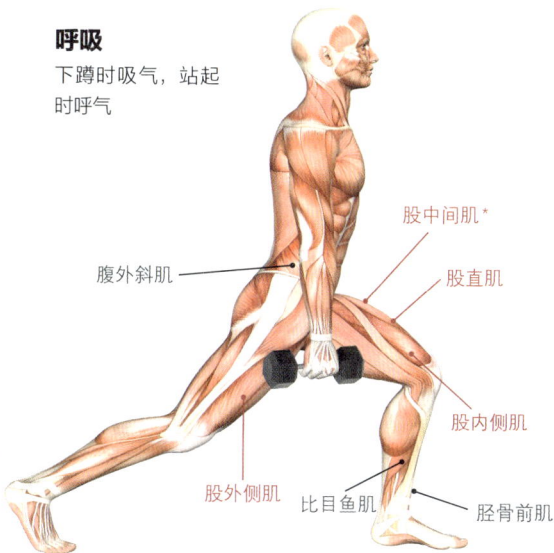

股中间肌*

腹外斜肌

股直肌

股内侧肌

股外侧肌 　比目鱼肌 　胫骨前肌

**哑铃—弓步蹲**

• 躯干保持直立。
• 膝关节和脚尖
方向一致。

• 身体向一侧倾斜。
• 膝关节超过脚尖。

若膝关节存在不适，则不
建议进行此项训练。

竖脊肌*
腰方肌*
臀中肌*
臀小肌*
臀大肌
半腱肌
股二头肌

**起始**

站立，双手各握一只哑铃，自然下垂于身
体两侧。

**过程**

一侧脚向前迈步，屈膝呈弓步，前脚蹬地
恢复直立姿势。另一侧脚向前迈步，屈膝
呈弓步，前脚蹬地恢复直立姿势。两侧交
替进行，完成规定的次数。

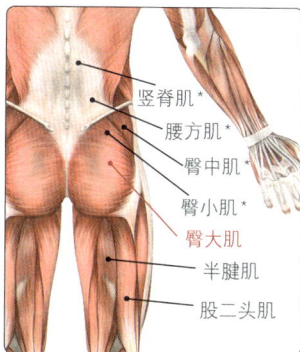

## 滑贴－后弓步

**呼吸**
脚向后滑动时吸气，恢复时呼气

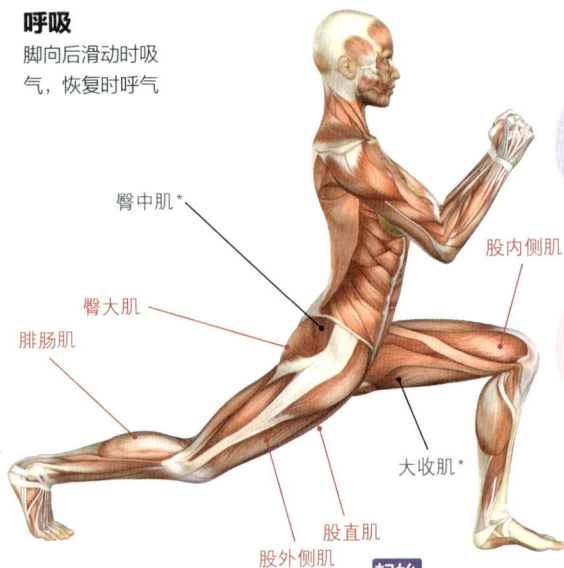

臀中肌*

臀大肌

腓肠肌

股内侧肌

大收肌*

股直肌

股外侧肌

- 背部挺直。
- 膝关节与脚尖方向一致。

- 上半身过度前倾。
- 后腿膝盖接触地面。

**起始**

身体呈站姿，挺胸收腹，一侧脚踩在滑贴上。

**过程**

双手交握于胸前，踩滑贴的脚向后滑动，呈弓步姿势，前脚蹬地站起，恢复起始姿势。重复动作，完成规定次数。换另一侧重复上述步骤。

(!) 若存在髋部不适，则不建议进行此项训练，防止膝关节损伤。

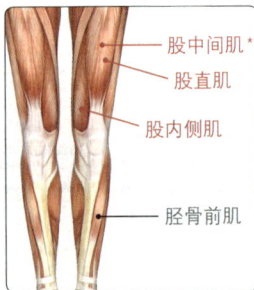

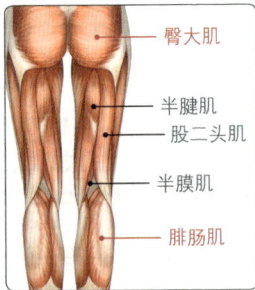

股中间肌*

股直肌

股内侧肌

胫骨前肌

臀大肌

半腱肌

股二头肌

半膜肌

腓肠肌

**呼吸**

蹲下时吸气，恢复
时呼气

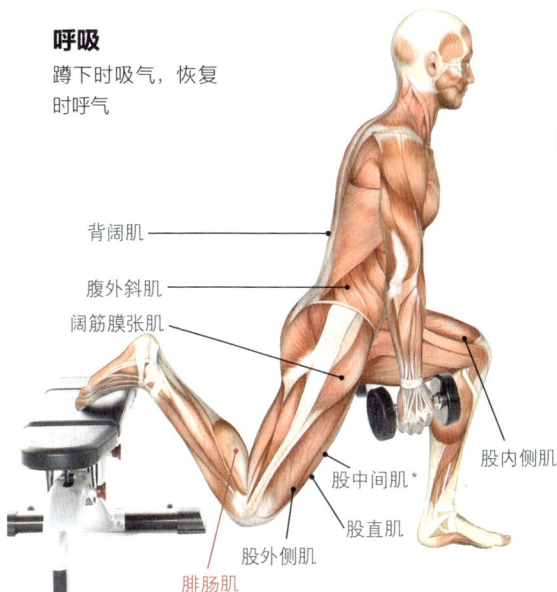

✅
- 躯干保持直立。
- 膝关节和脚尖
  方向一致。

❌
- 膝关节超过脚尖。
- 膝关节内扣。

背阔肌

腹外斜肌

阔筋膜张肌

股内侧肌

股中间肌*

股直肌

股外侧肌

腓肠肌

哑铃 ｜ 保加利亚单腿蹲

❗ 若膝关节存在不适，则不
建议进行此项训练。

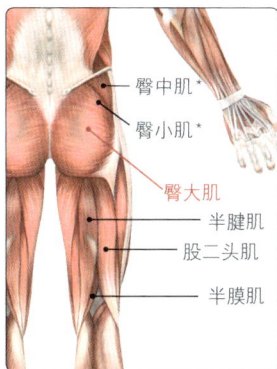

• • •

**起始**

坐在训练椅边缘，双腿伸直，找到落脚点，
然后站起来，一侧腿向后伸，脚尖搭于训练
椅上，双手握哑铃自然垂落于身体两侧。

**过程**

保持身体稳定，前腿屈膝斜向后下蹲至与地
面平行。臀部发力站起，回到起始姿势，完
成规定的次数。换另一侧重复上述步骤。

臀中肌*

臀小肌*

臀大肌

半腱肌

股二头肌

半膜肌

75

## 呼吸

全程保持均匀呼吸。

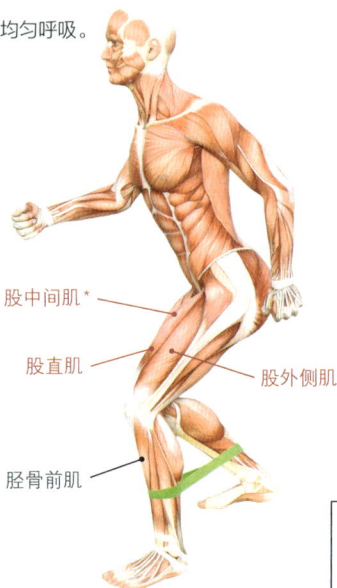

迷你带—半蹲直线走

股中间肌*
股直肌
股外侧肌
胫骨前肌

(!) 若膝盖、髋部、踝部存在不适，则不建议进行此项训练。

✓
- 重心不要起伏。
- 保持迷你带的张力。

✗
- 背部弓起。
- 膝关节内扣。

### 起始

双脚分开与肩同宽，迷你带套在小腿中下部，屈髋屈膝，重心降低，呈半蹲姿势，核心收紧，腰背挺直。

### 过程

保持半蹲姿势，双腿交替向前移动。完成规定的交替次数或者移动规定的距离。

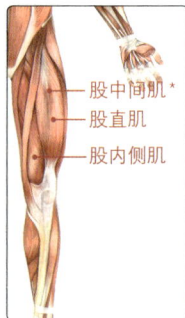

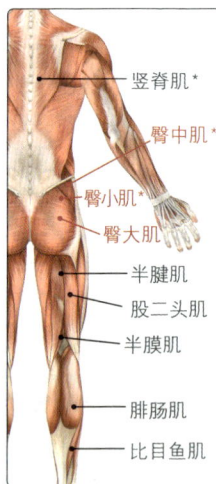

股中间肌*
股直肌
股内侧肌

竖脊肌*
臀中肌*
臀小肌*
臀大肌
半腱肌
股二头肌
半膜肌
腓肠肌
比目鱼肌

**呼吸**

全程保持均匀呼吸。

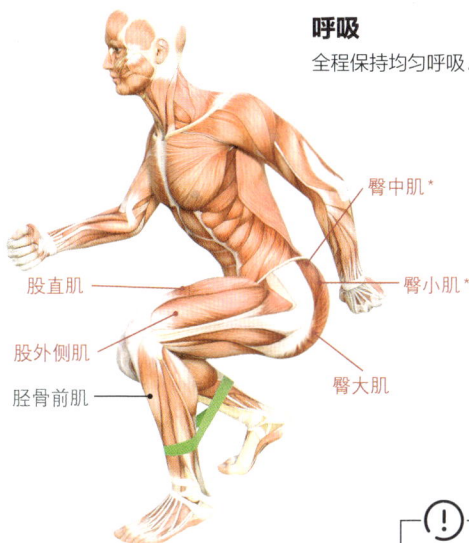

- 重心不要起伏。
- 保持迷你带的张力。

- 背部弓起。
- 膝关节内扣。

臀中肌 *

臀小肌 *

股直肌

股外侧肌

臀大肌

胫骨前肌

## 迷你带–低重心直线走

若膝盖、髋部、踝部存在不适，则不建议进行此项训练。

竖脊肌 *

臀中肌 *

臀小肌 *

臀大肌

股中间肌 *

半腱肌

股直肌

股二头肌

股内侧肌

半膜肌

腓肠肌

比目鱼肌

### 起始

双脚分开与肩同宽，迷你带套在小腿中下部，屈髋屈膝，重心降低，呈深蹲姿势，核心收紧，腰背挺直，双手交握于胸前。

### 过程

保持低重心，双腿交替向前移动。完成规定的交替次数或者移动规定的距离。

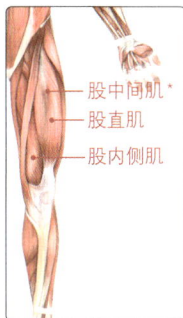

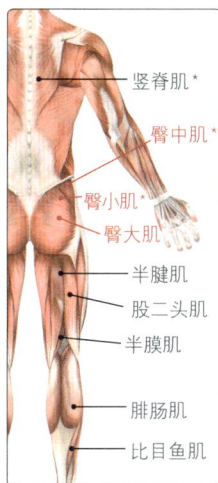

## 弹力带—弓步

**呼吸**

全程保持均匀呼吸。

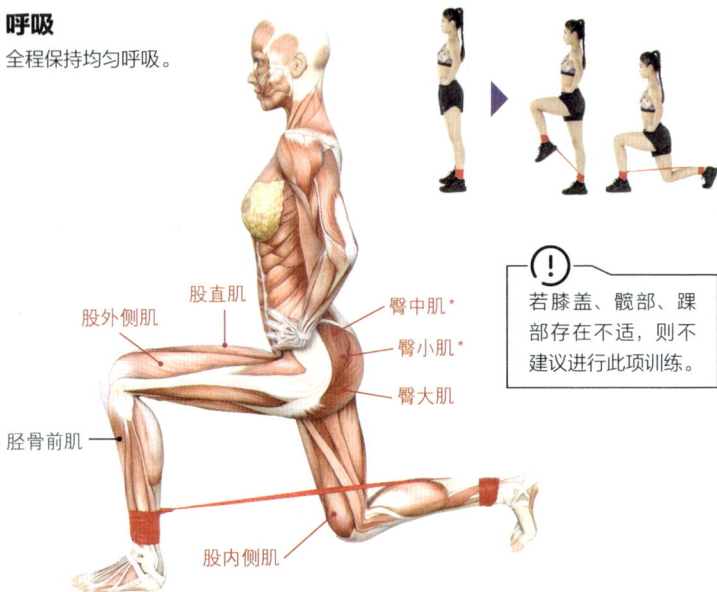

股外侧肌

股直肌

臀中肌*

臀小肌*

臀大肌

胫骨前肌

股内侧肌

(!) 若膝盖、髋部、踝部存在不适，则不建议进行此项训练。

**起始**

直立站姿，核心收紧，腰背挺直，双脚分开与肩同宽，双手置于腰部两侧，弹力带套在双脚踝关节处。

**过程**

一侧腿抬起至大腿尽量与地面平行，向前迈步，后侧腿屈髋屈膝约90度，脚尖撑地，呈弓步姿势。前侧腿蹬地发力，回到起始姿势，按照同样的动作标准换对侧重复。两侧交替进行，完成规定的次数。

✔ • 膝关节不要超过脚尖。
• 躯干保持稳定。

✘ • 膝关节内扣。

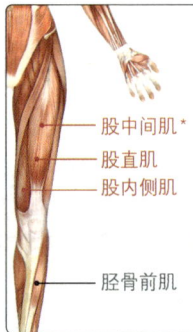

股中间肌*

股直肌

股内侧肌

胫骨前肌

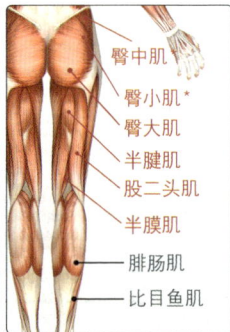

臀中肌

臀小肌*

臀大肌

半腱肌

股二头肌

半膜肌

腓肠肌

比目鱼肌

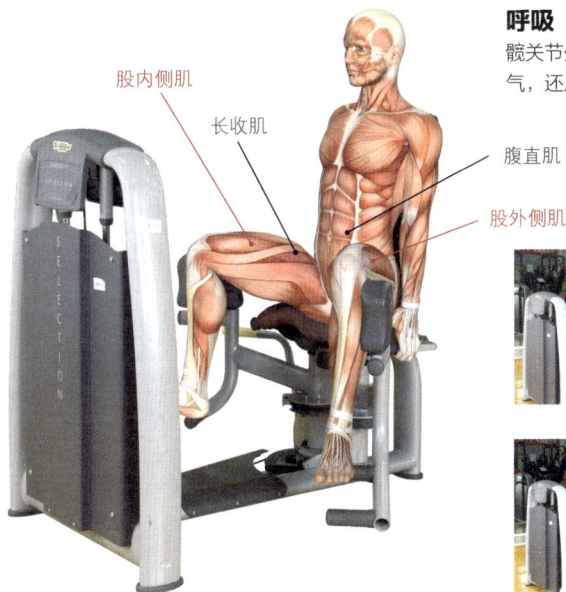

股内侧肌

长收肌

**呼吸**

髋关节外展时呼
气，还原时吸气

腹直肌

股外侧肌

✔
• 后背和臀部紧
贴座椅。

✖
• 上身前倾，
背部弯曲。
• 膝关节压力
过大。

ⓘ
若出现髋关节疼痛，则
不建议进行此项训练。

臀中肌

臀小肌*

阔筋膜张肌

臀大肌

股二头肌

半腱肌

**起始**

坐于训练器上，调整座椅位置。脚放
于合适高度的踏板上，膝关节屈曲约
90 度，且膝外侧紧贴支撑垫。躯干紧
靠椅背，双手放于两侧把手上。

**过程**

膝外侧对抗支撑垫，髋关节外展至
最大限度，稍作停顿。恢复至起始
姿势，完成规定的次数。

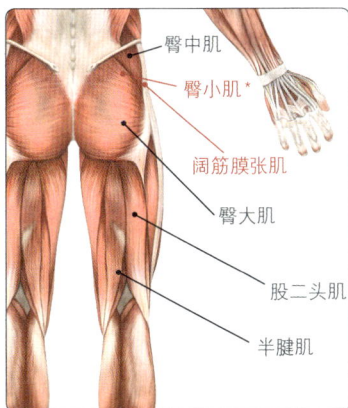

79

**绳索-髋外展**

**呼吸**

髋外展时呼气，
还原时吸气

股外侧肌

阔筋膜张肌

股直肌

缝匠肌

长收肌

✓
• 上身保持挺直。
• 核心收紧。
• 控制骨盆位置。

✗
• 骨盆过度。
• 侧向倾斜。
• 支撑腿移动。

(!) 若出现髋关节疼痛，则
不建议进行此项训练。

**起始**

侧向站于器械前，身体保持直
立位。外侧腿踝关节处固定
阻力绳。

**过程**

外侧手扶腰，内侧手扶住器械，
内侧腿支撑，保持身体稳定。
外侧腿对抗阻力外展至最大限
度，保持身体稳定。恢复至起
始姿势，完成规定的次数。换
另一侧重复上述步骤。

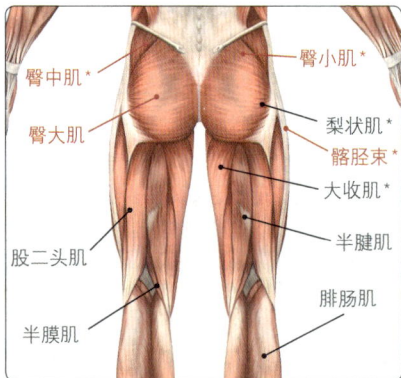

臀中肌*

臀大肌

臀小肌*

梨状肌*

髂胫束*

大收肌*

半腱肌

股二头肌

腓肠肌

半膜肌

**呼吸**

全程均匀呼吸

> ！ 若出现髋关节疼痛，则不建议进行此项训练。

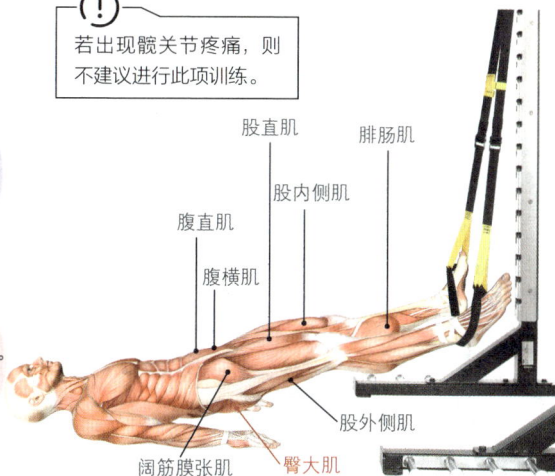

✓
- 双腿伸直。
- 核心收紧。
- 双脚保持稳定。

✗
- 双腿膝关节弯曲。
- 身体晃动。

股直肌

腓肠肌

股内侧肌

腹直肌

腹横肌

股外侧肌

阔筋膜张肌

臀大肌

**起始**

仰卧位，双脚固定在悬挂训练器把手上，双膝伸直。向上顶髋，使躯干和下肢尽可能在一条直线上。

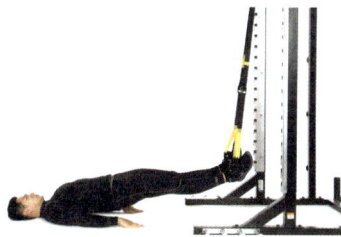

**过程**

保持身体姿势不变，双腿伸直，髋关节向两侧外展，双腿向外打开。恢复至起始姿势，完成规定的次数。

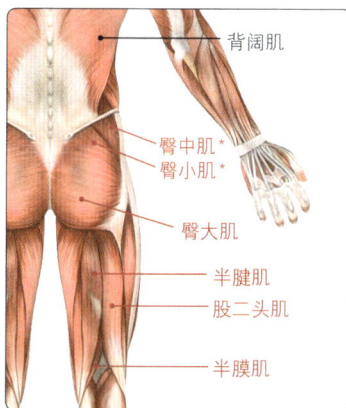

背阔肌

臀中肌 *
臀小肌 *

臀大肌

半腱肌

股二头肌

半膜肌

器械—髋内收

股内侧肌

**呼吸**
髋关节内收时呼
气，还原时吸气

腹直肌

(!) 若出现髋关节疼痛，则
不建议进行此项训练。

✓
• 后背和臀部紧
贴座椅。

✗
• 上身弯曲。
• 前倾速度过快。

**起始**

坐于训练器上，调整座位。膝关节屈
曲约 90 度，且膝内侧顶住支撑垫，
躯干紧靠椅背，双手放于两侧把手上。

**过程**

双腿向内侧并拢。恢复至起始姿势，
完成规定的次数。

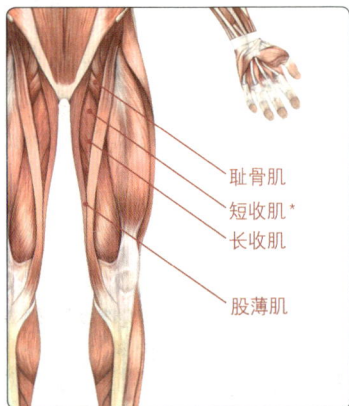

耻骨肌
短收肌 *
长收肌

股薄肌

**呼吸**

全程均匀呼吸

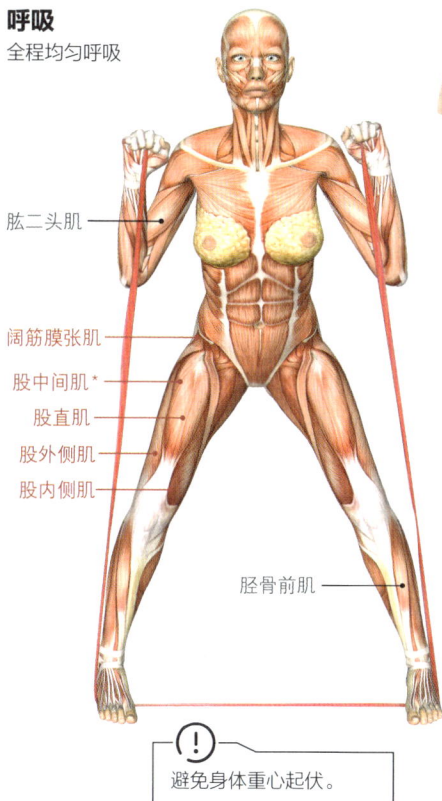

肱二头肌

阔筋膜张肌

股中间肌*

股直肌

股外侧肌

股内侧肌

胫骨前肌

- 核心收紧。
- 保持背部挺直。

- 弓背塌腰。

避免身体重心起伏。

**弹力带－半蹲侧向走**

**起始**

身体半蹲。双脚间距与肩同宽，同时踩住弹力带中间位置。双手分别握紧弹力带两端，向上拉伸弹力带至肩部，并保持弹力带绷直。

**过程**

保持双臂姿势不变，一侧腿向同侧迈步。另一侧腿随之跟进，双脚间距保持与肩同宽。完成规定的次数，换另一侧重复上述步骤。

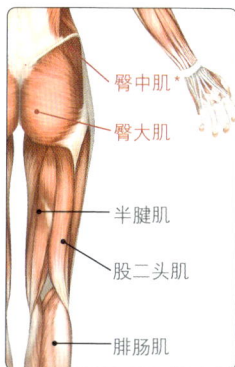

臀中肌*

臀大肌

半腱肌

股二头肌

腓肠肌

**呼吸**
全程均匀呼吸

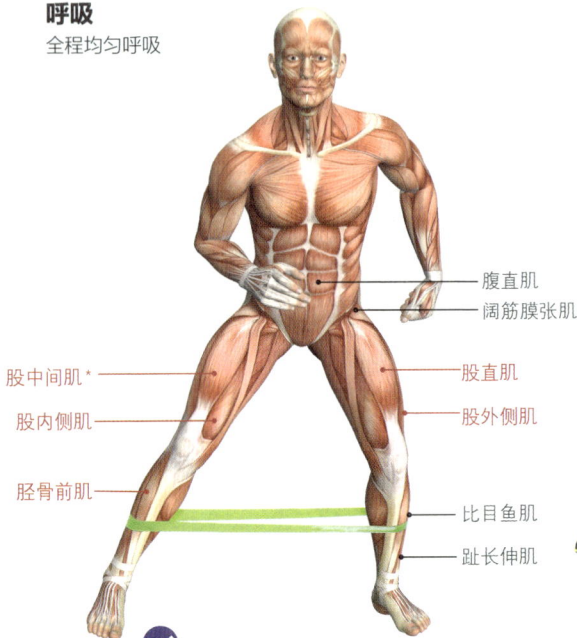

迷你带－半蹲侧向走

腹直肌
阔筋膜张肌

股中间肌*
股内侧肌
胫骨前肌

股直肌
股外侧肌
比目鱼肌
趾长伸肌

✓
• 脚尖向前。
• 拉紧迷你带。
• 臀部收缩，核心收紧。

✗
• 背部弯曲。
• 膝关节内扣。

! 训练过程中避免身体过度摆动。

臀中肌*
梨状肌*
半腱肌
股二头肌
半膜肌

**起始**

躯干前倾，屈髋屈膝，双脚间距与肩同宽，呈半蹲姿，将迷你带绕过小腿，保持其张力。双手自然置于身前。

**过程**

保持半蹲姿势，一侧腿朝向外侧迈步，同时同侧手臂向后摆动，对侧手臂向前摆动。对侧腿随之跟进，双脚间距恢复与肩同宽，完成规定的次数。换另一侧重复上述步骤。

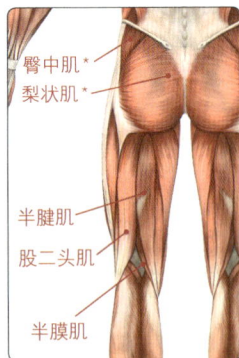

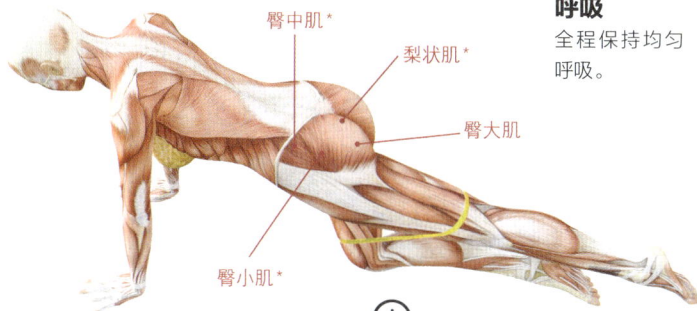

臀中肌 *

梨状肌 *

臀大肌

臀小肌 *

**呼吸**
全程保持均匀
呼吸。

# 迷你带－跪姿－屈膝画圆

(!) 若手腕、髋部、腰部存在不适，则不建议进行此项训练。

### 起始

呈跪撑姿势，双手、双膝撑地，核心收紧，腰背挺直，头与躯干呈一条直线，将迷你带绕于大腿膝关节上方，保持迷你带张力。

### 过程

保持躯干姿势不变，一侧腿支撑保持不动，对侧腿分别向前、外、后侧移动，膝盖在地面形成半弧形轨迹。回到起始姿势，重复规定的次数。换另一侧重复以上步骤。

• • •

✅
• 收紧核心。
• 双膝分离。
• 迷你带处于拉紧的状态。

❌
• 背部弓起或塌陷。

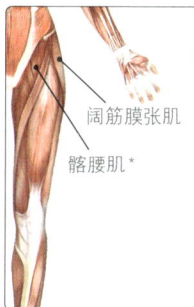

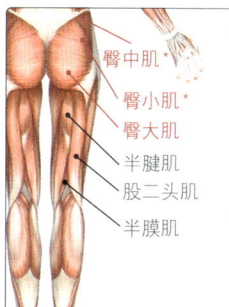

阔筋膜张肌

髂腰肌 *

臀中肌 *
臀小肌 *
臀大肌
半腱肌
股二头肌
半膜肌

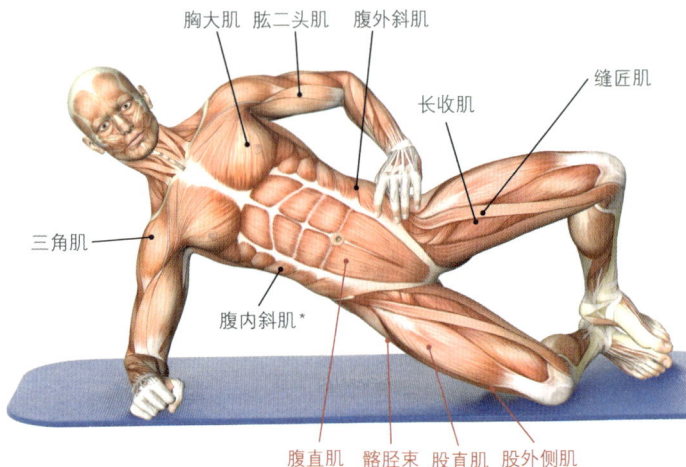

胸大肌　肱二头肌　腹外斜肌

长收肌

缝匠肌

三角肌

腹内斜肌*

腹直肌　髂胫束　股直肌　股外侧肌

## 侧支撑－蚌式开合

**起始**

身体呈侧支撑姿，下侧前臂撑垫，上侧手扶髋。双腿屈膝，脚跟并拢。臀部发力，髋部抬离垫面。

**过程**

腹部紧绷，上侧髋外旋，膝关节向上打开。动作完成，恢复起始姿势。重复动作，完成规定次数。换对侧重复。

**呼吸**

髋外旋时呼气，恢复时吸气

若存在肩部不适，则不建议进行此项训练。

✓
- 核心收紧。
- 背部挺直。
- 骨盆始终向前。

✗
- 肩部松垮、上耸。
- 髋部下塌。

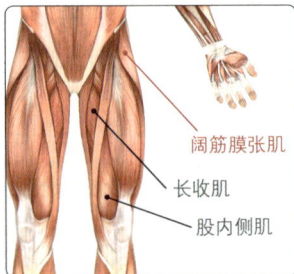

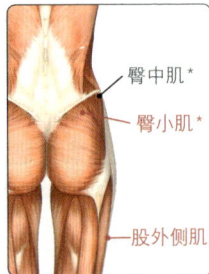

阔筋膜张肌

长收肌

股内侧肌

臀中肌*

臀小肌*

股外侧肌

腹外斜肌

腹内斜肌 *

阔筋膜张肌

股外侧肌

腹直肌

腹横肌 *

股中间肌 *

股内侧肌

股直肌

瑞士球－侧支撑－直膝髋外展

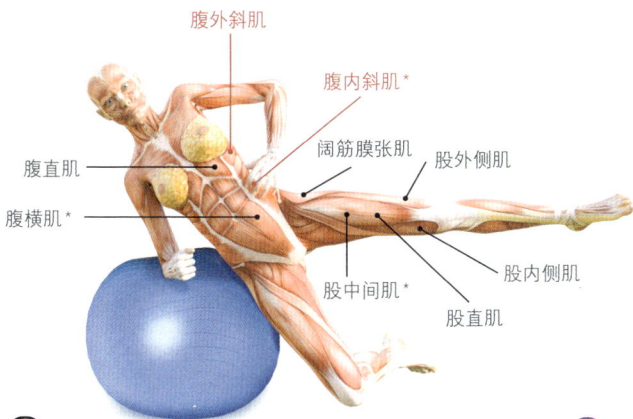

若髋部、腰部存在不适，则不建议进行此项训练。

**呼吸**
腿外展时呼气，还原时吸气。

• 背部平直。
• 抬起腿伸直。

• 核心肌群没有
保持收紧，
容易晃动。

**起始**

一侧腿单膝跪地，同侧手肘和髋部撑在瑞士球上，另一侧腿伸直，对侧手叉腰，保持身体从膝盖至肩部呈一条直线。

**过程**

核心收紧，保持身体稳定，伸直的腿抬高至与地面平行。回到起始姿势，重复规定次数。换至对侧重复以上步骤。

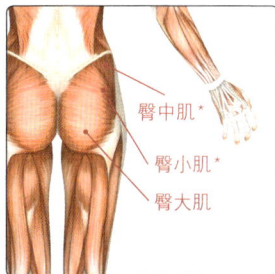

臀中肌 *

臀小肌 *

臀大肌

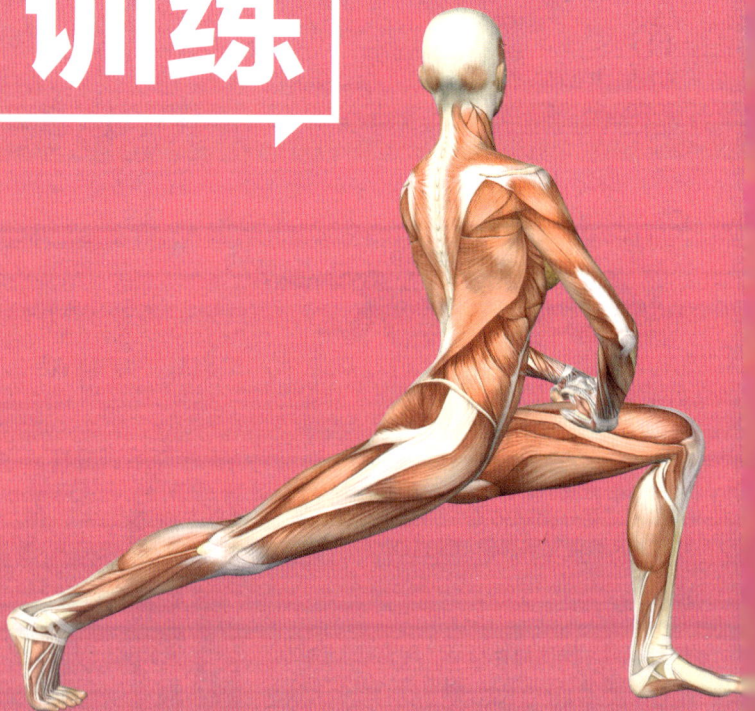

第 **4** 章

# 臀部放松训练

**呼吸**

全程均匀呼吸

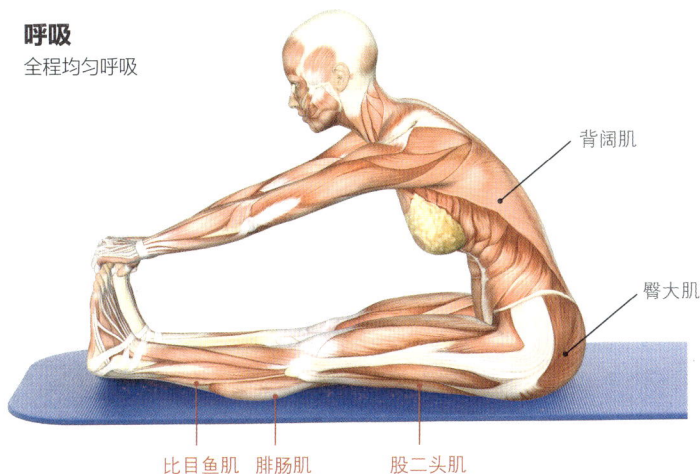

背阔肌

臀大肌

比目鱼肌　腓肠肌　　股二头肌

!

若膝关节或下背部存在损伤,则不建议进行此项训练。

✓
- 背部挺直。
- 躯干向双腿方向伸展。

✗
- 膝关节弯曲。

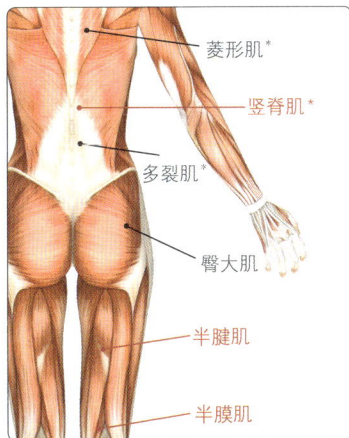

菱形肌*

竖脊肌*

多裂肌*

臀大肌

半腱肌

半膜肌

**起始**

呈坐姿,背部挺直,双腿并拢前伸,双手置于膝盖上。

**过程**

保持双腿伸直,上半身前倾,双手触摸双脚脚尖,保持动作至规定的时间。

**呼吸**

全程保持匀速呼吸。

若手腕、髋部存在不适，则不建议进行此项训练。

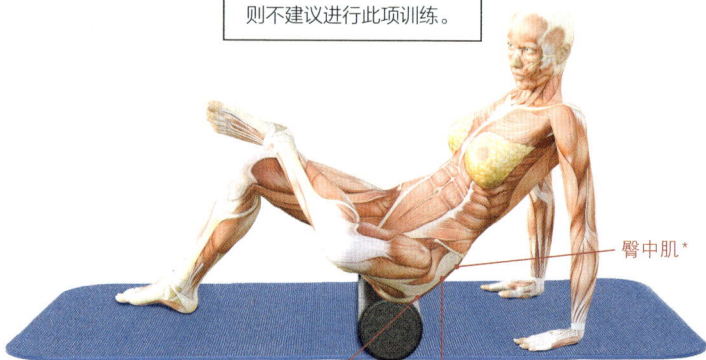

臀中肌*

臀小肌*

臀大肌

泡沫轴－坐姿－臀肌放松

- 保持均匀呼吸。
- 在疼痛明显的部位停留或滚动。

- 滚压速度过快。
- 滚压力度过大。

**起始**

身体坐在泡沫轴上，双臂伸直撑于体后，手指指向前方，单腿屈髋屈膝支撑，另一侧腿屈曲，脚搭在支撑腿膝关节上方。

**过程**

身体前后移动，使泡沫轴在非支撑侧的臀部来回滚动，滚动时在肌肉酸痛点上停留一定时间来回滚。完成规定的时间，换另一侧完成以上步骤。

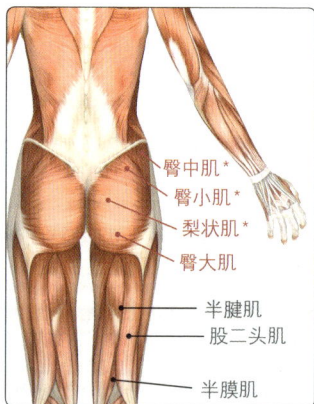

臀中肌*
臀小肌*
梨状肌*
臀大肌
半腱肌
股二头肌
半膜肌

**呼吸**

全程保持均匀呼吸，呼气的时候可适当加大拉伸幅度。

坐姿 — 抱膝臀部拉伸

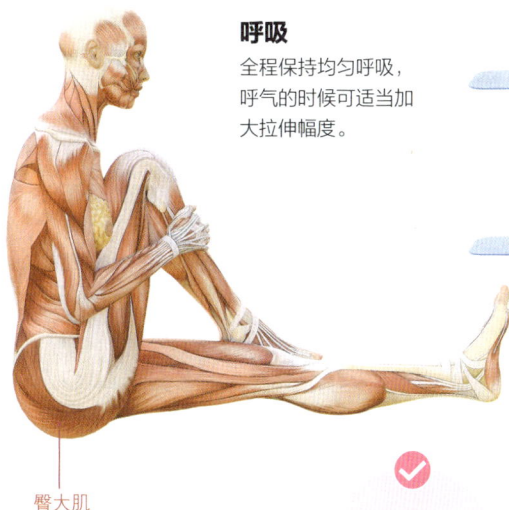

臀大肌

✅
• 背部保持平直。
• 匀速进行拉伸。

❌
• 屏住呼吸。

⚠ 若髋部、腰部存在不适，则不建议进行此项训练。

**起始**

坐于垫上，一侧腿伸直，对侧腿蜷起，并把脚放在伸直腿的膝盖外侧，双臂同时臂抱住蜷起的腿，双手扶在膝盖下方。保持身体稳定。

**过程**

双手缓慢用力将被抱住的腿拉向躯干。注意在拉伸的过程中被拉伸腿一侧的臀部后侧应感觉到中等强度或舒适程度的拉伸感，保持该姿势至规定时间。回到起始姿势。换至对侧重复以上步骤。

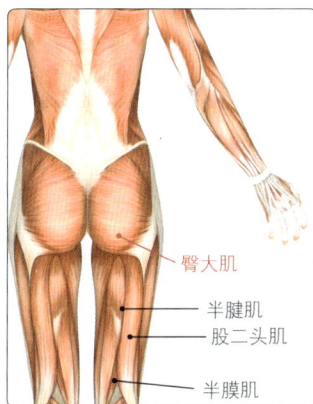

臀大肌
半腱肌
股二头肌
半膜肌

## 坐姿 - 转体拉伸

**呼吸**
全程保持均匀呼吸。

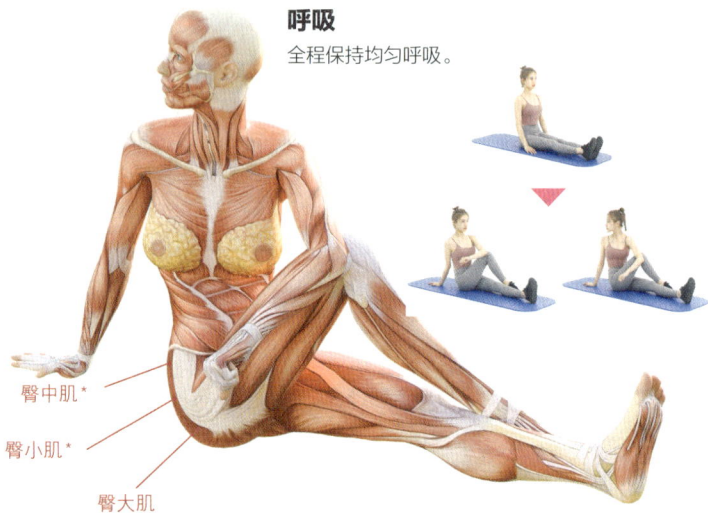

臀中肌 *
臀小肌 *
臀大肌

✓
• 全程保持核心
  收紧。
• 背部挺直。
• 动作不宜过快。

✗
• 耸肩。
• 屏住呼吸。

(!) 若髋部、腰部存在不适，
则不建议进行此项训练。

**起始**

坐在瑜伽垫上，双腿伸直，躯干直立、双手撑在身体两侧。

**过程**

一侧腿屈膝，跨过对侧腿，抵在对侧腿膝关节外侧。躯干向屈膝腿一侧旋转，用对侧手臂抵屈膝腿膝关节外侧。躯干继续向后转动至臀部肌肉有一定程度牵拉感。保持该姿势至规定时间。换至对侧重复以上步骤。

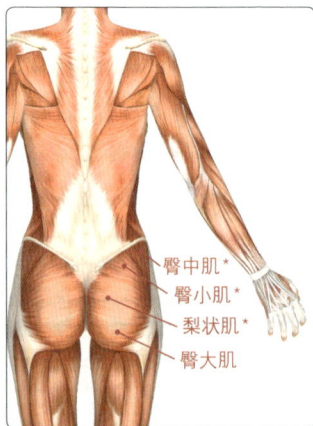

臀中肌 *
臀小肌 *
梨状肌 *
臀大肌

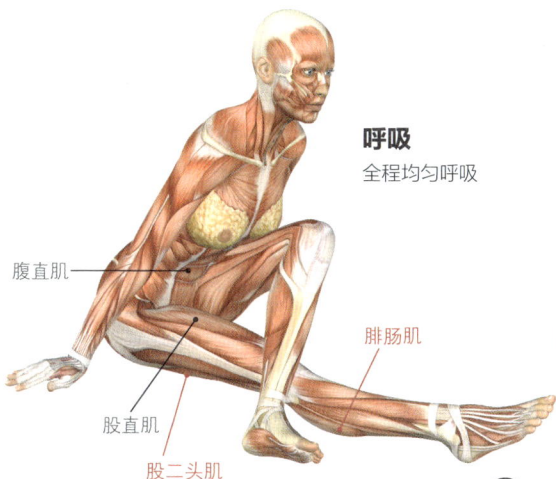

**呼吸**

全程均匀呼吸

腹直肌

股直肌

股二头肌

腓肠肌

- 可略微低头，增加拉伸幅度。
- 背部保持平直。

- 背部过度后弯。

**坐姿 4 字拉伸**

若下背部存在损伤，则不建议进行此项训练。

竖脊肌*

臀中肌*

臀大肌

半腱肌

股二头肌

半膜肌

**起始**

坐于地上，一侧腿向前伸直，另一侧腿屈膝，脚踝搭在对侧腿膝关节上，腿部呈"4"字形。双手扶于两侧地面，背部挺直。

**过程**

身体向前方下压，至臀部肌肉有中等程度的牵拉感。保持该姿势至规定时间，换另一侧重复上述步骤。

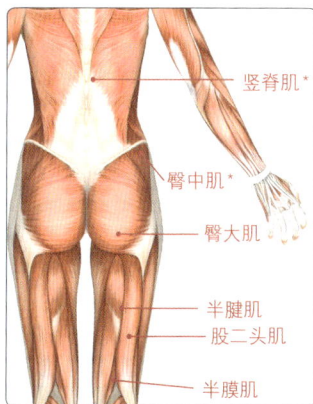

**仰卧-4字拉伸**

✓
- 放松髋部。
- 保持头部贴在地面。

✗
- 强行将腿部拉向胸部。

(!) 若下背部或膝盖存在不适，则不建议进行此项练习。

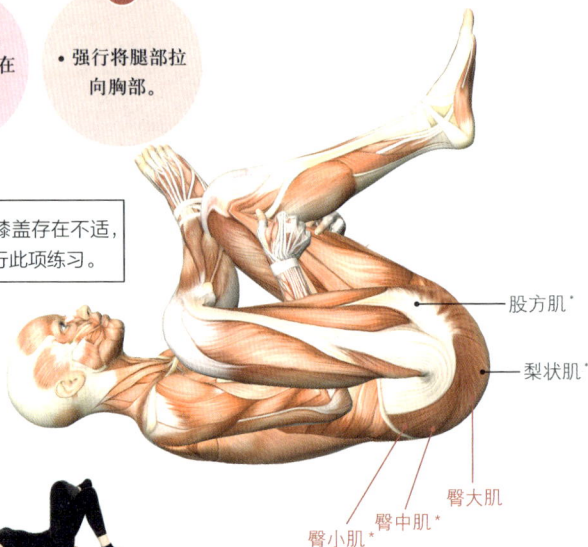

股方肌*
梨状肌*
臀大肌
臀中肌*
臀小肌*

**呼吸**
全程均匀呼吸

竖脊肌*
臀中肌*
臀小肌*
梨状肌*
臀大肌
股方肌*

**起始**

仰卧，双腿弯曲，拉伸侧脚放于对侧大腿上方，呈"4"字形。

**过程**

双手握住非拉伸侧大腿并将其拉向胸部，感受拉伸侧臀部肌肉的牵拉感。保持姿势至规定时间，换另一侧重复上述步骤。

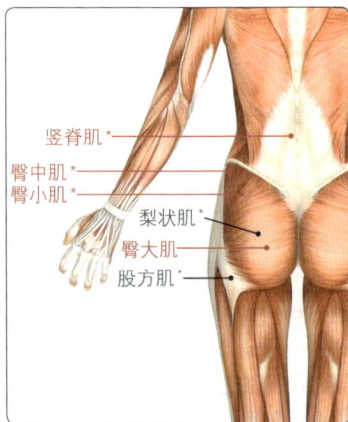

## 呼吸

全程均匀呼吸

若下背部或膝盖存在不适，则不建议进行此项训练。

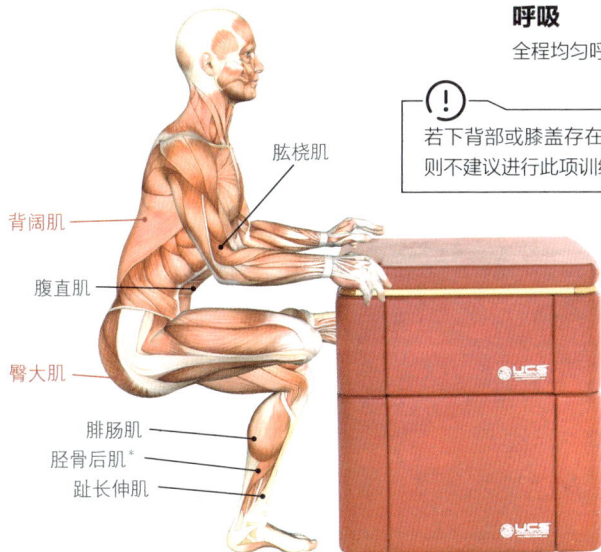

肱桡肌

背阔肌

腹直肌

臀大肌

腓肠肌

胫骨后肌*

趾长伸肌

✓
• 目视前方。

✕
• 背部弯曲。
• 过度俯身。

### 起始

背部挺直，双手扶住跳箱，一侧腿外旋并屈曲，脚踝搭在对侧腿的大腿上，呈4字形。

### 过程

保持身体稳定，逐渐下蹲至拉伸侧臀部有中等强度牵拉感。恢复起始姿势，完成规定的次数。换另一侧重复上述步骤。

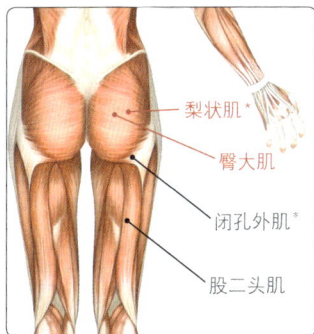

梨状肌*

臀大肌

闭孔外肌*

股二头肌

**麻花式拉伸**

**呼吸**
全程均匀呼吸

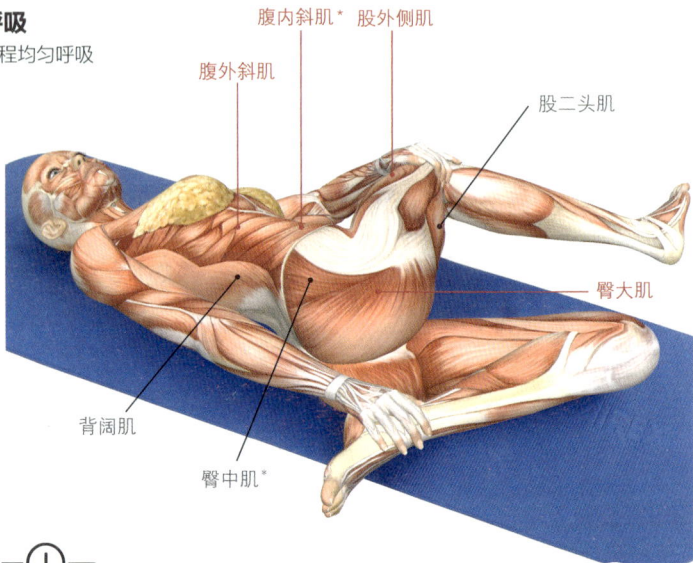

腹内斜肌 *

腹外斜肌

股外侧肌

股二头肌

臀大肌

背阔肌

臀中肌 *

---

(!) 若存在下背部或膝关节疼痛,则不建议进行此项训练。

✓
• 肩部尽可能贴垫。

✗
• 上半身向一侧偏转。
• 背部拱起。

---

胸大肌

腹直肌

腹横肌 *

长收肌

股直肌

---

**动作**

身体呈仰卧姿,髋部向身体一侧旋转,双腿屈膝,用对侧手扶住上方的腿的膝盖上方,另一只手扶住下方腿的脚踝,使下方腿尽可能屈曲。保持该姿势至规定时间。

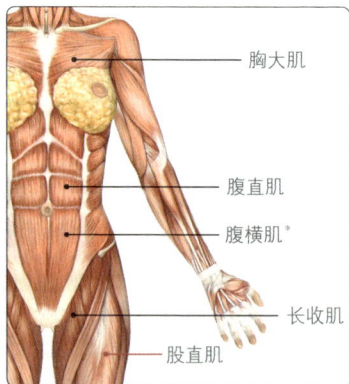

- 全程保持核心收紧。
- 背部挺直。
- 动作轻缓。

- 耸肩。
- 屏住呼吸。

**呼吸**

全程保持均匀呼吸，呼气的时候可适当加大拉伸幅度。

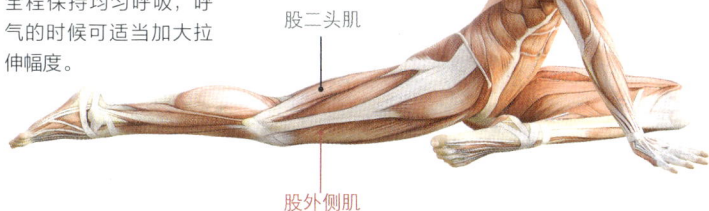

股二头肌

股外侧肌

**鸽子式**

**起始**

呈俯卧姿势，双手撑地，上身挺直，一侧腿屈膝外旋至身体前方，另一侧腿及髋关节贴紧地面。

**过程**

双臂屈曲，躯干向前侧下压至最大程度，保持该姿势至规定的时间。换另一侧重复上述步骤。

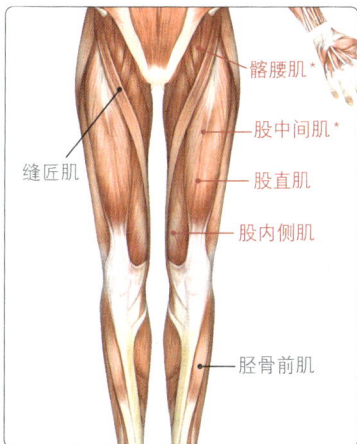

( ! ) 若髋部、大腿存在不适，则不建议进行此项训练。

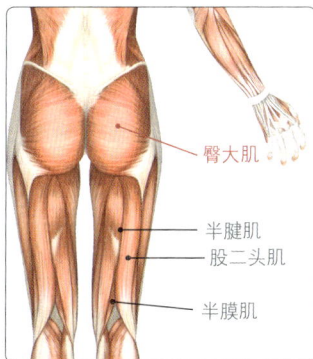

髂腰肌*

股中间肌*

缝匠肌

股直肌

股内侧肌

臀大肌

胫骨前肌

半腱肌

股二头肌

半膜肌

97

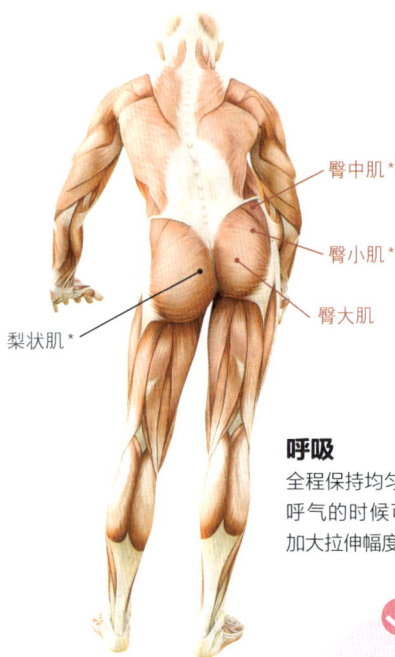

站姿—推髋

臀中肌 *

臀小肌 *

臀大肌

梨状肌 *

**呼吸**

全程保持均匀呼吸，
呼气的时候可适当
加大拉伸幅度。

✓
• 背部保持平直。
• 匀速进行拉伸。

✗
• 腰部过度弯曲。
• 屏住呼吸。

(!) 若髋部、大腿存在不适，则
不建议进行此项训练。

腹外斜肌

腹内斜肌 *

阔筋膜
张肌

**起始**

身体呈站姿，躯干前倾，双手扶住前方跳箱。

**过程**

将重心移至拉伸侧腿，并使身体向对侧侧屈，
髋部向拉伸侧顶出，至目标肌肉有一定程度
的牵拉感。规定时间内保持姿势。换至对侧
重复以上步骤。

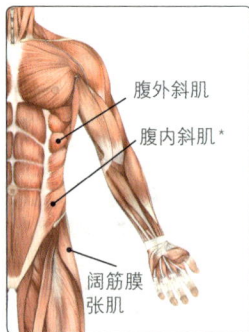

**呼吸**
全程均匀呼吸

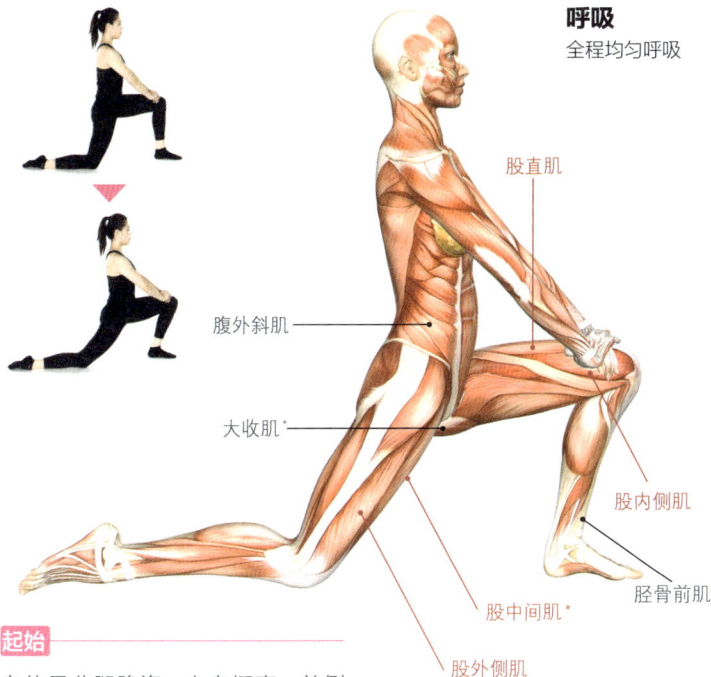

股直肌

腹外斜肌

大收肌*

股内侧肌

股中间肌*

股外侧肌

胫骨前肌

跪姿—起跑者弓步

**起始**

身体呈分腿跪姿，上身挺直，前侧
腿屈膝约90度，脚撑地，后侧膝跪
于地面，双手扶于前侧大腿上方。

**过程**

双手推动前侧腿向前，同时髋部向
后，感受目标肌肉的牵拉感。保持
姿势至规定时间，换另一侧重复上
述步骤。

(!) 若膝盖存在不适，则不建
议进行此项练习。

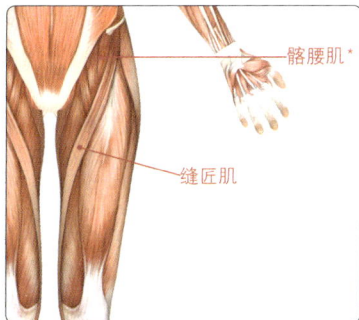

• 双手推腿，辅
助拉伸。

• 前侧腿向前时
膝盖超过脚尖。

髂腰肌*

缝匠肌

99

# 弓步转体－髂腰肌拉伸

✅
- 前侧腿的膝盖与脚尖方向一致。

❌
- 上半身过度前倾。

**呼吸**
全程均匀呼吸

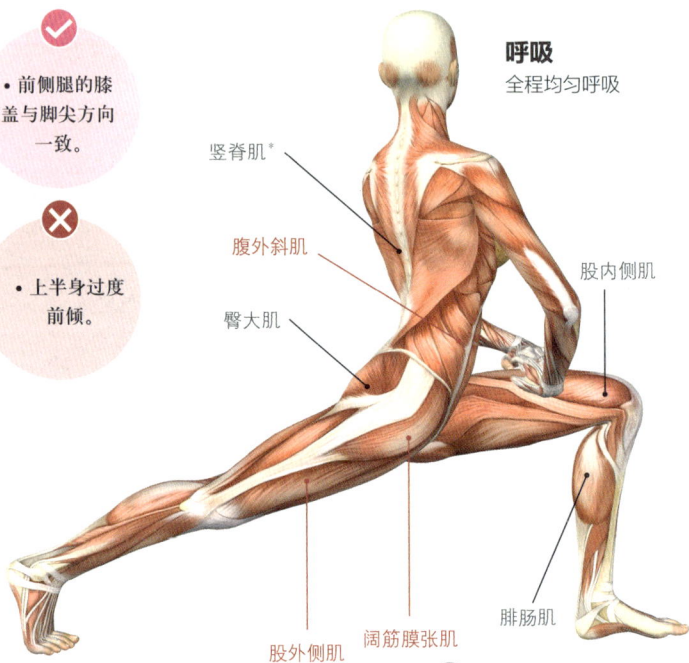

竖脊肌*

腹外斜肌

臀大肌

股内侧肌

股外侧肌

阔筋膜张肌

腓肠肌

⊙ 若存在髋部或膝关节不适，则不建议进行此项训练。

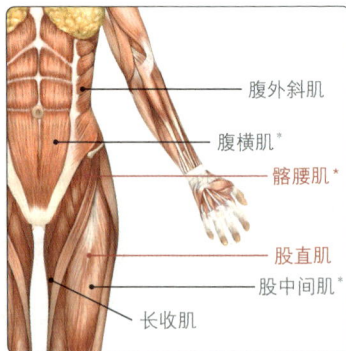

腹外斜肌

腹横肌*

髂腰肌*

股直肌

股中间肌*

长收肌

**起始**

身体呈弓步姿势，前腿屈膝约 90 度，后腿伸直，双手放于大腿前侧之上。

**过程**

保持身体稳定，上半身向前腿偏转，使目标肌肉得到拉伸，保持动作至规定时间。换另一侧重复上述步骤。

**呼吸**

全程均匀呼吸

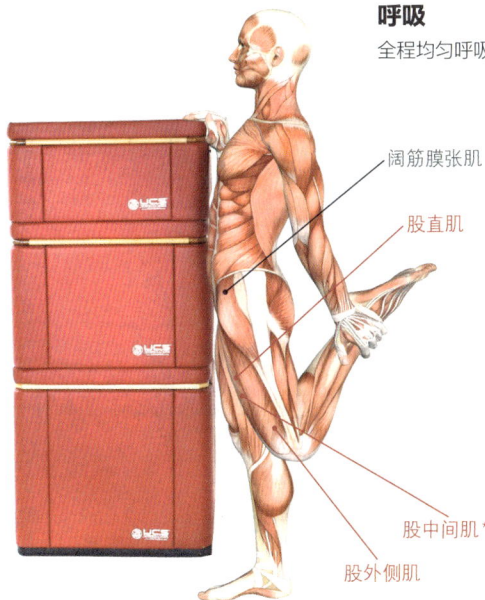

阔筋膜张肌

股直肌

股中间肌*

股外侧肌

- 双膝保持并拢。
- 保持身体平衡。

- 身体前倾。

若膝盖存在不适，则不建议进行此项训练。

**起始**

身体呈站姿并靠近跳箱，手扶跳箱保持身体稳定。

**过程**

远离跳箱的一侧腿屈膝后抬，同侧手最大限度地将脚跟拉向臀部，感受目标肌肉得到拉伸。保持该姿势至规定时间。换另一侧重复上述步骤。

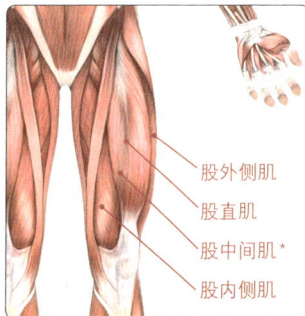

股外侧肌

股直肌

股中间肌*

股内侧肌

## 站姿—大腿后侧拉伸

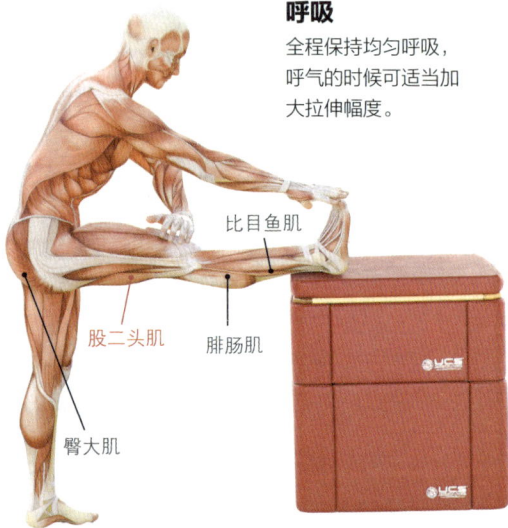

**呼吸**

全程保持均匀呼吸，呼气的时候可适当加大拉伸幅度。

比目鱼肌

股二头肌

腓肠肌

臀大肌

若髋部、大腿存在不适，则不建议进行此项训练。

✓
- 核心收紧。
- 背部平直。

✗
- 屏住呼吸。

竖脊肌*

半腱肌

半膜肌

**起始**

双脚并拢站立，身体面向与腰部等高的物体，一侧腿伸直抬高塔在物体上。

**过程**

保持背部挺直，身体逐渐前倾下压至目标肌肉有一定程度的牵拉感。规定时间内保持姿势。换至对侧重复以上步骤。

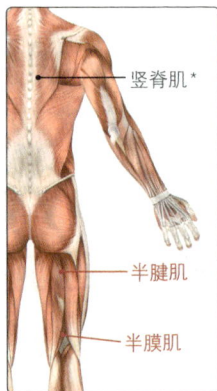

**呼吸**
全程均匀呼吸

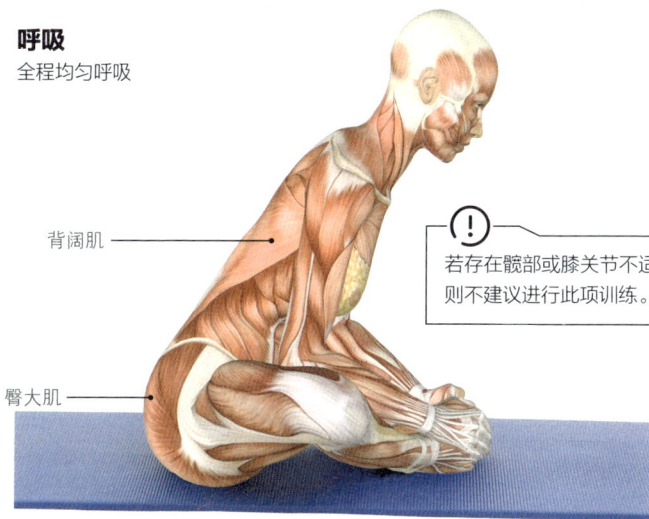

背阔肌

臀大肌

!
若存在髋部或膝关节不适，则不建议进行此项训练。

✓
• 背部保持挺直。

✗
• 屏住呼吸。
• 身体前后摇摆。

腹直肌
腹横肌*
阔筋膜张肌
耻骨肌*
股薄肌
长收肌

**起始**

身体呈坐姿，背部挺直，双腿屈膝外旋，双脚脚心相对并靠拢，双手握住脚尖，并将双臂置于膝关节内侧。

**过程**

屈髋使身体下压，至大腿内侧有中等程度的牵拉感。保持动作至规定时间。

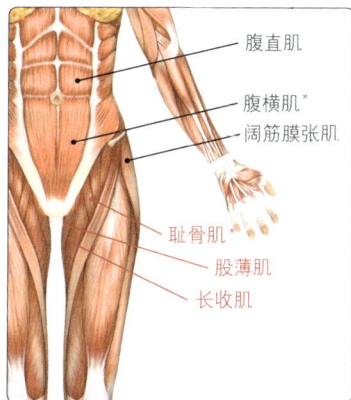

**呼吸**

全程均匀呼吸。

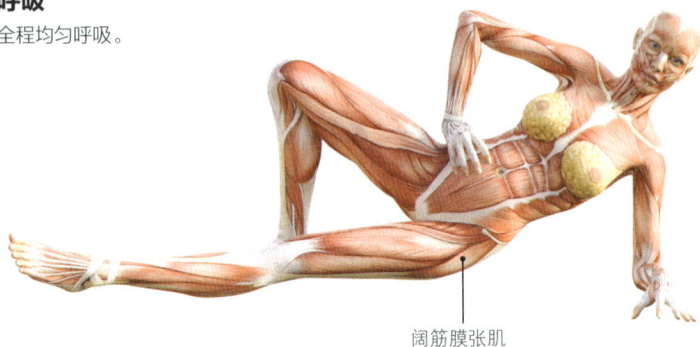

阔筋膜张肌

**扳机点球—臀中肌放松**

**起始**

身体侧卧于垫上,下侧腿部伸展,使扳机点球放于臀部外侧与垫子之间,下侧手臂屈曲,用前臂支撑身体,上侧手臂置于腰间,上侧腿部膝盖屈曲,脚部支撑身体,身体重心向下施加压力。

**过程**

身体前后左右小幅度移动,使球在酸痛处反复滚压,保持该姿势至规定时间。换至对侧重复以上步骤。

若髋部存在不适,则不建议进行此项训练。

✓
• 保持均匀呼吸。
• 在疼痛明显的部位停留或滚动。

✗
• 滚压速度过快。
• 滚压力度过大。

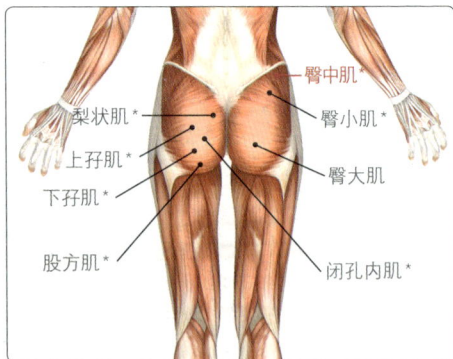

梨状肌 *
上孖肌 *
下孖肌 *
股方肌 *
臀中肌 *
臀小肌 *
臀大肌
闭孔内肌 *

**呼吸**

全程保持匀速呼吸。

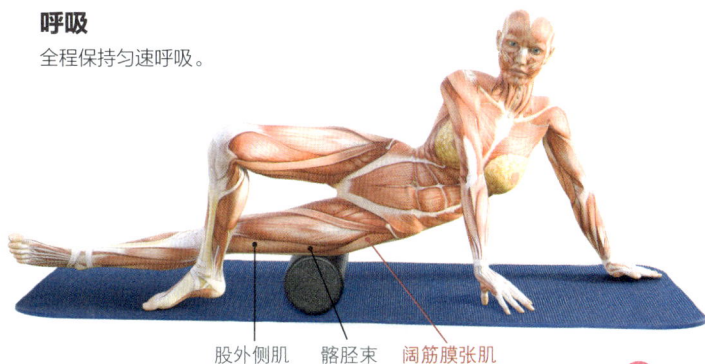

股外侧肌　髂胫束　**阔筋膜张肌**

若手腕、髋部存在不适，则不建议进行此项训练。

- 保持均匀呼吸。
- 可在疼痛明显的部位停留或滚动。

- 滚压速度过快。
- 滚压力度过大。

**起始**

呈侧卧姿势，将泡沫轴置于下侧大腿的下方，两侧手臂伸直分开撑于身体前方。

**过程**

下侧腿伸直并悬空，位于上方的腿屈髋屈膝，脚踩在对侧腿膝关节前方地面上。屈曲的腿蹬地，带动身体移动，使泡沫轴从髋关节外侧至膝关节外侧之间来回滚动，滚动时在肌肉酸痛点上停留一定时间。完成规定的次数或时间，换至对侧重复以上步骤。

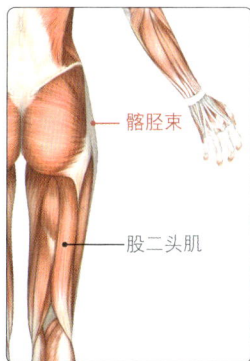

髂胫束

股二头肌

第5章

# 训练计划

# 臀部训练初级周计划

| 周一 | | | | |
|---|---|---|---|---|
| 动作名称 | 动作图片 | 训练量 | 间歇 | 页码 |
| 哑铃硬拉 | | 12 次 / 组，3 组 | 30 秒 | 32 |
| 臀桥 – 动态 | | 12 次 / 组，3 组 | 30 秒 | 23 |
| 跪姿 – 肘碰膝 | | 每侧 12 次 / 组，3 组 | 30 秒 | 6 |
| 跪姿 – 髋外旋 | | 每侧 12 次 / 组，3 组 | 30 秒 | 19 |
| 跪姿 – 腿画圆 | | 每侧 12 次 / 组，3 组 | 30 秒 | 20 |
| 蚌式开合 | | 每侧 12 次 / 组，3 组 | 30 秒 | 18 |
| 周三 | | | | |
| 动作名称 | 动作图片 | 训练量 | 间歇 | 页码 |
| 箱式深蹲 | | 12 次 / 组，3 组 | 30 秒 | 30 |
| 臀冲 | | 12 次 / 组，3 组 | 30 秒 | 24 |
| 臀桥 – 静态 | | 30 秒 / 组，3 组 | 30 秒 | 7 |
| 平板支撑 – 直腿后伸 | | 12 次 / 组，3 组 | 30 秒 | 27 |

| 动作名称 | 动作图片 | 训练量 | 间歇 | 页码 |
|---|---|---|---|---|
| 跪姿－髋外旋 | | 每侧 12 次／组，3 组 | 30 秒 | 19 |
| 迷你带－侧卧－直膝髋外展 | | 每侧 12 次／组，3 组 | 30 秒 | 36 |
| **周五** | | | | |
| 动作名称 | 动作图片 | 训练量 | 间歇 | 页码 |
| 站姿－屈髋外展 | | 每侧 12 次／组，3 组 | 30 秒 | 15 |
| 弹力带－髋内收 | | 每侧 12 次／组，3 组 | 30 秒 | 41 |
| 臀桥－军步－静态 | | 每侧 15 秒／组，3 组 | 30 秒 | 25 |
| 交替前弓步 | | 12 次／组，3 组 | 30 秒 | 31 |
| 深蹲 | | 12 次／组，3 组 | 30 秒 | 28 |
| 哑铃硬拉 | | 12 次／组，3 组 | 30 秒 | 32 |

# 臀部训练中级周计划

| 周一 | | | | |
|---|---|---|---|---|
| 动作名称 | 动作图片 | 训练量 | 间歇 | 页码 |
| 臀桥 – 动态 | | 12 次 / 组，3 组 | 30 秒 | 23 |
| 迷你带 – 仰卧 –<br>髋外展 | | 每侧 12 次 / 组，3 组 | 30 秒 | 37 |
| 臀桥 – 单腿 – 静态 | | 每侧 15 秒 / 组，3 组 | 30 秒 | 26 |
| 跪姿 – 肘碰膝 | | 每侧 12 次 / 组，3 组 | 30 秒 | 6 |
| 迷你带 – 蚌式开合 | | 每侧 12 次 / 组，3 组 | 30 秒 | 42 |
| 下肢转动 | | 每侧 12 次 / 组，3 组 | 30 秒 | 17 |
| 周三 | | | | |
| 动作名称 | 动作图片 | 训练量 | 间歇 | 页码 |
| 弓步走 | | 12 次 / 组，3 组 | 30 秒 | 11 |
| 侧弓步 | | 每侧 12 次 / 组，3 组 | 30 秒 | 16 |
| 单腿硬拉 | | 每侧 12 次 / 组，3 组 | 30 秒 | 33 |
| 相扑深蹲 | | 12 次 / 组，3 组 | 30 秒 | 10 |

| 哑铃硬拉 | | 12 次 / 组，3 组 | 30 秒 | 32 |
|---|---|---|---|---|
| 哑铃 - 相扑深蹲 | | 12 次 / 组，3 组 | 30 秒 | 68 |
| **周五** | | | | |
| 动作名称 | 动作图片 | 训练量 | 间歇 | 页码 |
| 相扑深蹲 | | 12 次 / 组，3 组 | 30 秒 | 10 |
| 单腿硬拉 | | 每侧 12 次 / 组，3 组 | 30 秒 | 33 |
| 侧向跳 | | 12 次 / 组，3 组 | 30 秒 | 40 |
| 迷你带 - 半蹲侧向走 | | 每侧 12 次 / 组，3 组 | 30 秒 | 84 |
| 壶铃 - 甩摆 | | 12 次 / 组，3 组 | 30 秒 | 71 |
| 壶铃 - 深蹲 | | 12 次 / 组，3 组 | 30 秒 | 66 |

# 臀部训练高级周计划

| 周一 | | | | | |
|---|---|---|---|---|---|
| 动作名称 | 动作图片 | 训练量 | | 间歇 | 页码 |
| 杠铃 – 臀冲 | | 12次/组，3组 | | 30秒 | 52 |
| 保加利亚单腿蹲 | | 每侧12次/组，3组 | | 30秒 | 34 |
| 壶铃 – 甩摆 | | 12次/组，3组 | | 30秒 | 71 |
| 侧弓步 – 髋外展 | | 每侧12次/组，3组 | | 30秒 | 39 |
| 器械 – 坐姿 – 髋外展 | | 12次/组，3组 | | 30秒 | 79 |
| 器械 – 髋内收 | | 12次/组，3组 | | 30秒 | 82 |

| 周三 | | | | | |
|---|---|---|---|---|---|
| 动作名称 | 动作图片 | 训练量 | | 间歇 | 页码 |
| 侧支撑 – 蚌式开合 | | 每侧12次/组，3组 | | 30秒 | 86 |
| 瑞士球 – 侧支撑 – 直膝髋外展 | | 每侧12次/组，3组 | | 30秒 | 87 |
| 迷你带 – 低重心直线走 | | 12次/组，3组 | | 30秒 | 77 |

| 杠铃 - 硬拉 | | 12 次 / 组，3 组 | 30 秒 | 70 |
|---|---|---|---|---|
| 哑铃 - 弓步蹲 | | 12 次 / 组，3 组 | 30 秒 | 73 |
| 哑铃 - 保加利亚单腿蹲 | | 每侧 12 次 / 组，3 组 | 30 秒 | 75 |
| **周五** | | | | |
| **动作名称** | **动作图片** | **训练量** | **间歇** | **页码** |
| 滑贴 - 臀桥 | | 12 次 / 组，3 组 | 30 秒 | 60 |
| 侧支撑 - 蚌式开合 | | 每侧 12 次 / 组，3 组 | 30 秒 | 86 |
| 俯卧 - 屈髋屈膝外旋 | | 每侧 12 次 / 组，3 组 | 30 秒 | 46 |
| 迷你带 - 半蹲侧向走 | | 每侧 12 次 / 组，3 组 | 30 秒 | 84 |
| 杠铃 - 臀冲 | | 12 次 / 组，3 组 | 30 秒 | 52 |
| 杠铃 - 前蹲 | | 12 次 / 组，3 组 | 30 秒 | 67 |

**赵芮**

- 北京体育大学运动人体科学学士，悉尼大学交互设计与电子艺术硕士；
- 国家体育总局训练局体能训练中心体能检测师；
- 为游泳、乒乓球、体操、跳水等十余支国家队提供过体能测试、训练服务；
- 著有《泡沫轴训练全书》，参与编写《身体功能训练动作手册》《儿童身体训练动作手册》《青少年身体训练动作手册》，译有《运动表现测试与评估指南》《运动生理学实验及体能测试指导手册（第2版）》。